Carlo Amedeo Pasotto

Uno scritto per il dopo-catastrofe

Sovranità o democrazia?

Le ragioni del buongoverno
e del malgoverno

Sovranità o democrazia?

"... Venga il tuo Regno;
sia fatta la tua volontà,
come in Cielo così in terra..."
(Mt 6, 10)

Sovranità o democrazia?
Uno scritto per il dopo-catastrofe

INDICE

Uno scritto per il dopo-catastrofe

Non è facile passare tutta la vita a gridare nel deserto. San Giovanni Battista ne sapeva qualcosa… Egli era fisicamente isolato nel deserto, eppure la gente andava a lui, da ogni dove. Era una vera attrazione per quei tempi. Molti lo ascoltarono, anche se pochi si fecero battezzare con il "battesimo di conversione". E se come predicatore della verità egli non ha avuto il successo che meritava[1] , figuriamoci gli altri.

Io stesso, che voglio essere un annunciatore della verità e scrivo proprio per quest'unica ragione, per scongiurare la catastrofe annunciata che ci sovrasta, non mi faccio illusioni… Agisco per puro dovere morale, ma vedo l'inefficacia degli avvertimenti all'umanità che provengono da ben più alta fonte[2].

Purtroppo si sta ripetendo, anche questa volta, la totale indifferenza della stragrande maggioranza dell'umanità davanti alla catastrofe annunciata: non c'è peggior sordo di chi non vuole sentire!

Oggi, pur vivendo in megalopoli e nella civiltà dell'informatizzazione, il deserto (umano) c'è lo stesso. La verità è isolata e resa incomunicabile da chi governa l'informazione, pertanto l'isolamento umano provocato diventa una specie di deserto. L'incomunicabilità della verità è resa totale, mentre si è volutamente sommersi da notizie e informazioni inutili, cose di nessun conto, e anche spesso dannose, pur di disto-

---

1) La Parola di Dio ci dice che *"fra i nati di donna non c'è nessuno più grande di Giovanni"* (Lc 7, 28).

2) Alludo, *in primis*, ai contenuti profetici della Parola di Dio, contenuti specialmente nel libro dell'Apocalisse, ma anche alle apparizioni mariane approvate dalla Chiesa. In particolare La Salette, Lourdes, e specialmente Fatima.

gliere l'attenzione da ciò che conta veramente. Anche oggi, come ai tempi del Battista, la gente non coglie "i segni dei tempi"; ben pochi si convertono in vista dei tempi durissimi che stanno per arrivare, e che, grazie a una conversione di massa, si potrebbero scongiurare.

Per l'intera umanità, la prima guerra mondiale arrivò come un lampo a ciel sereno. In un solo mese (dal 28 giugno al 28 luglio 1914) la gente di tutta Europa, incredula, si trovò immersa in un conflitto generale di dimensioni mai viste sino allora nella storia dell'umanità, che provocò milioni e milioni di morti. Quel conflitto mise fine alla *Belle époque* e fu un grande passo avanti verso gli ultimi tempi. Anche la seconda guerra mondiale colse quasi tutti di sorpresa, benché la sua preparazione, passo dopo passo, durasse anni (non un solo mese) e fosse sotto gli occhi di tutti. Eppure colse di sorpresa persino Hitler, il principale protagonista di quell'*escalation* conflittuale che portò alla guerra, il quale sperava, ancora una volta, di farla franca con i suoi colpi di mano. I più attenti, tuttavia, a cominciare dai Papi Pio XI e Pio XII, ne erano consapevoli, ma quelle voci allarmate e accorate – di veri profeti – rimasero inascoltate.

Oggi in Europa e nel mondo si respira l'aria che c'era alla fine degli anni Trenta del secolo scorso. Una continua scalata inesorabile, passo dopo passo, verso il baratro.

Tutto ciò che è scritto nella Parola di Dio, si realizzerà, nel tempo opportuno. Per noi è angosciante questa attesa al buio ed è sconsolante vedere la generale indifferenza davanti a tale pericolo, ma non bisogna desistere e lasciarsi vincere dallo scoraggiamento. Noi, pur brancolando al buio, dobbiamo essere come l'Apostolo, e ripeterci che *"il giusto vivrà di fede"* (Rm 1 17). Anche il giovane Davide, quando avvertiva il pericolo di trovarsi in una valle oscura, piena di insidie di morte, non temeva alcun male, perché la presenza del Buon Pastore gli era attestata dal suo bastone e dal suo vincastro; e ciò – nella sua fede – bastava a rincuorarlo (cfr Sal 22/23). Anche noi, in questa temperie tenebrosa, dobbiamo vivere di fede.

Mentre san Giovanni Battista aveva preparato *"un popolo ben disposto"* (cfr Lc 1, 17) alla venuta di Cristo, i signori miscredenti della

Rivoluzione – impossessatisi dell'Italia e della Chiesa – hanno fatto di tutto per allontanare il popolo da Dio e pervertirlo, creando, con l'attuale degrado, le condizioni per l'immane catastrofe che sta per abbattersi su tutti noi. Io continuo a scrivere per coloro che sopravvivranno alla catastrofe; solo allora si capiranno tutte le cose che non si vogliono capire oggi.

1.
Il concetto di 'sovranità'

> Meglio morire per la verità,
> che far morire la verità in noi
> e vivere nella menzogna.

1.1 – Essenza della sovranità

Tutto ciò che **non** è fondato sulla verità non ha alcun fondamento. La verità assoluta è questa, tutto il resto non conta: **Dio è l'unico essere, tutto l'universo – visibile e invisibile** (con tutto ciò che contiene) – **ha l'esistenza solo per suo volere**, cioè è una creazione – la Creazione –, e sempre sarà così. Il creato non ha l'essere in sé, e non potrà mai averlo, perché è costituito come creatura e riceve l'esistenza dall'essere del Creatore. L'uomo moderno fa fatica ad accettare i suoi limiti costitutivi di creatura: non potrà mai passare dall'esistenza all'essere, perché è una creatura e non potrà mai diventare il Creatore. Quindi **Dio è l'unico essere eterno ed infinito che regge tutto e tutti,** perché tutto è stato creato da Lui. Dio è eterno e la sua volontà immutabile. Questi sono tutti concetti che noi possiamo acquisire solo per Fede, in quanto la nostra mente umana non è nemmeno in grado di concepire i concetti di infinito ed eternità.

Ecco la base di tutte le verità: Dio non dipende da niente e da nessuno; **Dio è la Sovranità assoluta, infinita ed eterna. Questa è l'essenza del concetto di sovranità.** Quindi va da sé che Dio è il Sovrano e unico Re dell'universo, ora e nei secoli eterni. Qualsiasi altra pretesa "sovranità" è infondata e insensata; da qualsiasi parte venga; non sta né in cielo né in terra.

Ma, allora, **i "sovrani" della terra chi sono?** Semplice: sono "sovrani" per concessione divina (a vario titolo); concessione che comunque è temporanea, sempre revocabile (ricordiamoci di re Saul) e limitata nel tempo e nello spazio. Ma dobbiamo distinguere ancora. **Ci sono**

sovrani per vera elezione e mandato divino: questi sono i sovrani legittimi, sinceramente e intimamente consacrati a Dio (non solo a motivo di una formale cerimonia d'incoronazione); essi godono della benedizione di Dio, purché cerchino di fare in tutto la volontà di Dio, anche se non sono necessariamente "santi" (ancora), ma almeno cerchino di esserlo con tutto il loro cuore e la loro volontà. **Ma ci sono anche "sovrani" che sono semplicemente tollerati da Dio. Costoro hanno solo la parvenza di "sovrani", ma non lo sono realmente; hanno nelle loro mani il potere reale, per pura permissione divina.** Ricordiamoci il colloquio fra Cristo e Ponzio Pilato: «"Non sai che io ho potere di rimetterti in libertà e potere di crocifiggerti? "Rispose Gesù: *"Tu non avresti su di me nessun potere, se non ti fosse stato dato dall'alto"*»[3] (Gv 19 10-12).

Fra costoro possiamo includere certamente tutti i "sovrani" non legittimamente consacrati, quelli di altre religioni e, a maggior ragione, quelli atei. Costoro non beneficiano della benedizione di Dio, ma sono nella loro posizione di potere per misteriosa permissione divina.

La sovranità dunque appartiene solo a Dio, <u>non</u> al popolo, e a nessun altro. Dire che *"la sovranità appartiene al popolo"* è una barzelletta o una favola, messa in giro dal ben noto Serpente antico. La "sovranità", come la intende lui, è il potere di decidere ciò che è bene o male, ciò che è giusto o sbagliato. È affidabile? Non più di quella volta che rassicurò Eva: *"No, voi non morirete affatto!* [se mangerete il frutto dell'albero della conoscenza del bene e del male]*; anzi il Signore sa che qualora ne mangiaste, si aprirebbero gli occhi vostri e diventereste come Dio, acquistando la conoscenza del bene e del male"* (Gn 3, 4). Il Serpente ha poca fantasia e non cambia il copione, perché ha un'esperienza ben collaudata e sa che di fatto gli va sempre bene. Evidentemente non è bastata quella clamorosa prima volta, e tante altre… Ecco perché, quando è certo dell'efficacia dell'inganno, persevera.

---

3) Io copio il testo biblico, edito dalla CEI (1068/1971), così com'è, con 'alto' scritto con la lettera minuscola; in realtà qui dovrebbe essere con la lettera maiuscola, perché è sinonimo di Dio.

Le Costituzioni degli Stati, e quella italiana *in primis*, possono dire ciò che vogliono[4]; i democratici non possono cambiare l'ordine delle cose stabilito da Dio. Ecco un bell'esempio di presunzione senza alcun fondamento, l'art. 1 della Costituzione italiana, secondo comma: *"La sovranità appartiene al popolo, che la esercita nelle forme e nei limiti della Costituzione"*. Peccato che la seconda parte di questo articolo annulli *in toto* la dichiarazione espressa nella prima parte: questa sì che è verità! È un bell'esempio dell'arte di dire e non dire. Tuttavia tutti ci cascano ugualmente, perché la prima parte fa effetto, ed è bello sognare sulle grandi dichiarazioni di principio. Siccome ognuno vede ciò che vuol vedere, basta la prima affermazione; la seconda non piace, e di fatto viene ignorata.

Ripeto: uno può scrivere quello che vuole, anche inventandosi sfacciatamente ogni genere di cose, senza alcun fondamento e nemmeno una parvenza di verità. E magari, di questa dichiarazione totalmente inconsistente e avventata, ne fa una bandiera di libertà (luciferina). Se proprio dobbiamo credere alle favole, molto meglio quelle che si raccontano ai bambini: *'Biancaneve e i sette nani'*, *'Cenerentola'*, e via di seguito, favoleggiando. Almeno queste sono belle storie a lieto fine, sollevano l'animo invece che deprimerlo.

Vedremo fra poco che **il 'popolo', in realtà, non conta proprio nulla, altro che detenere la sovranità!** Ma scendiamo nei particolari. "Il popolo" è una facciata che nasconde maldestramente i veri detentori dell'arrogata "sovranità", che sono le forze occulte degli anticristi.

Le Costituzioni degli Stati sono veri e propri idoli che i popoli (ormai infedeli) si creano con le loro mani, a loro immagine e somiglianza, in

---

4) I democratici si battono per la libertà di pensiero e di parola, per poter dire ciò che vogliono, anche in contrasto con la verità. Infatti la verità non può essere confusa con la libertà di pensiero e di parola. **La verità è o non è**. Non ha niente a che vedere con la libertà di crearsi la propria verità, cioè la libertà di opinione, opposta alla verità oggettiva, altrimenti è pura falsità. Nel degrado morale generale, in atto ormai da troppo tempo, la libertà di pensiero e di parola è diventata la modalità per diffondere menzogne, spargere demagogia, demolire gli avversari, il tutto con la "sacrosanta" libertà di parola.

alternativa all'infinita maestà e sovranità divina. Atti arbitrari di vera e propria ribellione alla sovranità di Dio. Ci ricordano l'infedeltà d'Israele, che creò il 'vitello d'oro', per adorarlo, finché Mosè era sul monte Oreb, e stava ricevendo da Dio le Tavole della santa Legge. Questo 'vitello d'oro' era una rappresentazione dell'egiziano dio Api, una divinità venerata nell'antico Egitto pagano. Il popolo d'Israele compì una gravissima apostasia contro il suo Dio liberatore, che l'aveva "fatto uscire dal paese d'Egitto, dalla casa di schiavitù". È come se Israele avesse fatto un patto con il dio Api, una specie di merce di scambio etica con l'idolo: la libertà di peccare in cambio della cessione della libertà fisica e morale. Eppure Dio, nel primo comandamento del Decalogo aveva detto testualmente: *"Io sono il Signore, Iddio tuo, che ti ho fatto uscire dal paese d'Egitto, dalla casa di schiavitù.*

Non avrai altro Dio fuori di me. Non ti fare nessuna scultura, né immagine delle cose che splendono su nel cielo, o sono sulla terra, o nelle acque sotto terra. Non adorar tali cose, né servir loro, perché io, il Signore Iddio tuo, sono un Dio geloso , che punisce l'iniquità dei padri nei figli fino alla terza e quarta generazione di coloro, che mi odiano; ma uso clemenza fino alla millesima generazione verso coloro, che mi amano e osservano i miei comandamenti" (Gn 20, 1-6)

Prima osservazione: Il dio Api, adorato dagli ebrei apostati, era uno degli dèi della "casa di schiavitù" dell'Egitto. Schiavitù materiale: il popolo era ridotto in catene; ma soprattutto schiavitù spirituale: adorando un dio pagano che presiedeva alla loro schiavitù, gli israeliti accettavano anche, e soprattutto, la schiavitù del peccato e del male, in quanto l'idolo Api non era Dio, ma un simulacro costruito dalle mani degli uomini contro Dio. Le catene in cambio di essere "liberi" di peccare e di fare il male, sotto la "sovranità" del dio Api. È sempre stato così. Lucifero, il ribelle, ti offre la sua "libertà": goditi la vita spensieratamente, e non badare a un Dio che ti nega i piaceri e tutto il resto. Ascolta me.

Penso che non ci sia bisogno di spiegare che il dio Api non avesse alcuna consistenza ontologica. Dietro a questo feticcio, c'era Lucifero. Dunque, meglio la schiavitù delle catene, ma essere liberi di peccare e di "godersi la vita", con la "libertà" che offre Lucifero, piuttosto che la vera libertà, del corpo e dell'anima, per la vita eterna, che offre Dio. **Seconda osservazione:** l'"idolo" della Costituzione fa lo stesso. Ufficialmente dichiara il popolo "sovrano", e quindi lo autorizza a fare quello che vuole. C'è solo un problema: chi garantisce queste "libertà"? Guarda caso è non solo il nemico giurato di Dio, ma anche il più acerrimo nemico dell'uomo. È la creatura più falsa di tutti i tempi. Ma poiché il tempo è galantuomo, prima o poi la verità viene fuori. Non a caso, quando gli entusiasti seguaci dell'idolo d'oggi si candidano alle elezioni politiche, anch'essi si prodigano a dire falsità e a fare promesse che sanno benissimo che non potranno (o vorranno) mantenere, ma intanto ottengono il consenso, fraudolentemente, e fanno dell'elettore un vero complice. Implicitamente gli fanno accettare la Costituzione con le sue regole. Se il parlamentare viene poi eletto a una carica istituzionale, dovrà anche giurare sulla Costituzione (non sulla Bibbia!)[5]. Nessuno, giurando sulla Costituzione, pensa che questo costituisca un'autentica abiura, ma di fatto lo è. Giurare su una 'verità' che è falsa, in tutto un contesto caratterizzato dal laicismo (che pure implicitamente viene accettato), benché sia una forma di ateismo, che cos'è? Chi sa dare una risposta coerente e alternativa all'abiura?

Terza osservazione: poiché chi ha organizzato il tutto è un provetto ingannatore, ecco come stanno le cose veramente. **L'abiura è vera, e le promesse sono false.** Questa è l'abilità del grande venditore di fumo (fumo di zolfo). La grade parolona 'democrazia', astratta e fumosa, si regge in pratica solo sul fatto che permette di votare (ordinariamente una volta ogni cinque anni). Ma il "bello" (si fa per dire) è che il voto

---

5) Giurare sulla Costituzione e 'in nome del popolo italiano' è come giurare su Nessuno. La Costituzione e il popolo italiano non hanno una loro entità ontologica. Esistono i singoli esseri umani, uomini e donne; questi sì, individualmente, hanno la loro consistenza ontologica. 'Costituzione' e 'popolo italiano' sono pure idee astratte, senza consistenza ontologica: non sono persone vere, che solo a questo titolo sarebbero responsabili. Dire 'in nome del popolo italiano' è puro fumo negli occhi, che annebbia la vista, solletica l'orgoglio dell'auto-considerazione e, in realtà, copre le vere entità occulte che comandano.

è inutile, totalmente inutile, non conta proprio nulla. Infatti chi è eletto è liberissimo di mantenere o non mantenere le promesse fatte in campagna elettorale. Questo principio non è spiegato nell'articolo 1 della Costituzione (sennò il gioco finisce troppo presto), ma, nelle pieghe del testo, all'articolo 68: *"Ogni membro del Parlamento rappresenta la Nazione ed esercita le sue funzioni senza vincolo di mandato"*. Non solo. Un parlamentare addirittura può anche cambiare partito politico, appena dopo essere stato eletto, senza essere obbligato a dimettersi. Dunque, tanto rumore (di parolone, di 'sacri princìpi', ecc., ecc.) per nulla, come direbbe Shakespeare.

Quarta osservazione: Nonostante questa libertà illimitata di movimento e di trasformismo, il parlamentare neoeletto non può sfuggire alla constatazione che egli conta davvero poco. Dovrà sempre attenersi alle cosiddette 'regole democratiche' e ingoiare obbligatoriamente molti rospi: maggioranze (fluttuanti), condizionamenti vari, vincoli esterni alla propria coscienza – anche istituzionali – che non possono essere ignorati, autentici ribaltoni di schieramenti, governi 'del Presidente' e altre amenità consimili da accettare, volenti o nolenti. Ben presto il neoeletto si accorgerà di essere entrato in un gioco più grande di lui, e che chi ci guadagna sempre è "il banco", cioè un'entità impalpabile (e occulta) che impone e determina l'andamento delle cose, e che ne esce sempre molto bene, in tutto, qualsiasi cosa accada. Ma, guarda caso, quest'eminenza grigia non è rappresentata dalle figure istituzionali previste nella Costituzione, ma da qualcun altro che sta dietro le figure istituzionali, e opera sempre nel segreto dell'anonimato.

Nonostante che il neoeletto si renda conto di essere di fatto ininfluente, apprezzerà comunque le tante gratificazioni di cui gode: innanzitutto una consistente tranquillità economica; questa fa comodo a tutti e smussa molte angolosità. Un vero peccato perderla per dei princìpi astratti… Così il neoeletto si accorgerà (si spera) che la coscienza deve scendere a continui compromessi, e questo era proprio negli intenti di chi, di nascosto, tira le fila e tesse la trama. E così si salvano le apparenze 'democratiche' (per le quali si è anche disposti a fare delle guerre!); solo apparenze, ma non la sostanza. Anche un certo prestigio personale fa piacere: godere della pubblica considerazione, e anche beneficiare di tante piccole regalie, esenzioni, agevolazioni – non legate al suo valore personale – ma al suo *status* (a proposito del principio democratico e giacobino dell'égalité…).

Quinta osservazione: la decisione di creare l'idolo fu presa dal popolo d'Israele a larghissima maggioranza. Potremmo dire oggi che si era trattato di una decisione ampiamente 'democratica', *ante litteram*. Comunque tutto il contrario dell'"idolo" della Costituzione della Repubblica italiana; quest'idolo (la Costituzione) non ebbe l'approvazione di un *referendum*, (tanto per stare tranquilli, visto quanto si era dovuto brigare, dietro le quinte, per far riuscire, secondo il piano eversivo, il cosiddetto *referendum* istituzionale monarchia/repubblica), ma fu un "regalo" al popolo italiano da parte degli anticristi. I cosiddetti "padri fondatori" della Repubblica appartenevano a tre aree politiche: marxista (comunisti e socialisti), democristiana, e liberale. Pluralità solo apparente, perché tutt'e tre erano forze politiche laiciste (compresa la democristiana[6]), infatti era il laicismo che veramente contava ed era il collante che metteva tutti d'accordo. Ora il laicismo non è secondo Dio, ma contro Dio, come ho spiegato nel mio libro *Buoni e cattivi maestri*. Ecco dunque su cosa si basava la sostanziale convergenza di questa, solo apparente, pluralità democratica.

Considerato tutto, dire che *"la sovranità appartiene al popolo"* è una truffa di una sfacciataggine inaudita. La beffa, oltre il danno: **essere sudditi di un potere occulto e dispotico – satanista – sotto la messinscena "democratica"**.

Per elaborare correttamente il concetto di 'sovranità' concorrono anche due affermazioni contenute nel 'Padre nostro', l'unica preghie-

---

6) La denominazione "Democrazia Cristiana" poteva adescare meglio i cattolici. Per comprendere appieno questo argomento, rimando il lettore al mio libro *'Traditori della Fede e della Patria'*, dove parlo di Alcide De Gasperi, pp. 103-118. 6) La denominazione "Democrazia Cristiana" poteva adescare meglio i cattolici. Per comprendere appieno questo argomento, rimando il lettore al mio libro *'Traditori della Fede e della Patria'*, dove parlo di Alcide De Gasperi, pp. 103-118.

ra che il Figlio di Dio, Sapienza eterna del Padre, ci ha insegnato. Il *"venga il tuo Regno"* ci conferma che il 'Dio con noi' è un regno, il Regno di Dio. Regno di cui Dio stesso, nella persona del Figlio, è il sovrano e l'erede eterno, e noi abbiamo un'indicibile opportunità: *"se moriamo con lui, vivremo anche con lui; se con lui perseveriamo, con lui anche regneremo"* (2Tim 2, 12). Infatti con l'incarnazione di Cristo e la sua passione e morte, siamo stati redenti e, grazie al Battesimo, siamo diventati figli adottivi di Dio. Ecco perché Cristo ci ha insegnato la preghiera del 'Padre nostro', perché il nostro Creatore è diventato veramente nostro Padre. Ecco l'Evangelo, la bellissima notizia! Dunque in quanto figli di Dio, siamo fratelli di Cristo e coeredi del Regno. Questa è un'autorevolissima conferma della sovranità di Cristo e della nostra co-sovranità eterna con Lui.

Ma tutto ciò riguarda i tempi futuri della Gerusalemme celeste. Su questa terra siamo chiamati a realizzare la volontà di Dio in modo specialissimo: ***"Sia fatta la tua volontà, come in cielo così in terra"***. Che in Cielo tutto sia in perfetta armonia con la volontà di Dio, non c'è alcun dubbio. È il *"così in terra"* che ci deve preoccupare, perché questo dipende da noi. Intanto è certo che dobbiamo modellare la realtà terrena sul modello di quella del Cielo. Il Cielo è il Regno di Dio? Bene, dobbiamo modellare la vita sulla terra affinché lo sia altrettanto. Dunque è chiaro che le istituzioni umane devono conformarsi il più possibile a quelle divine. La Monarchia appare la più compatibile e conforme con il *"come in Cielo"*. Sto parlando dell'istituzione, cioè dell'involucro, non della sua qualità intrinseca ed oggettiva, la cui qualità non può essere data per scontata, come se bastasse la semplice adozione di una forma istituzionale piuttosto che un'altra (lasciamo alla repubblica questa poco pia e sensata illusione). **Il "come in Cielo" va conquistato giorno per giorno da colui al quale Dio ha affidato la sua Sovranità in terra**. Costui, con severa e diuturna ascesi personale, deve operare con la Grazia divina di stato, che non manca mai, ma dell'uso della quale dovrà rispondere nel giorno del Giudizio. Per fortuna gli esempi storici non mancano, e ci confortano, che è possibile una vita santa e una coscienziosa coerenza con i doveri di stato di un Sovrano. Per rimanere nell'ambito di Casa Savoia, basterebbe la figura venerabile di Carlo Emanuele IV (1751-1819), il quale, assunse consapevolmente una ben dolorosa "corona di spine", date le difficilissime condizioni in cui si trovava il Regno, quando salì al Trono, dominato dalle forze della Rivoluzione francese. Ma quanti altri esempi edificanti di re santi: Luigi IX re di Francia (1214-1270), l'inglese Edoardo il Confessore (1002-1066), Ferdinando III di Castiglia (1201-1252), Erik IX di Svezia (1120-1160) e tanti altri. Strano ma vero: non risultano invece dei santi presidenti, nemmeno fra coloro che furono uccisi in carica[7].

Torniamo al dialogo fra Gesù e Ponzio Pilato. È evidente che Dio accetta o, meglio, tollera, per sua permissione, l'autorità di chi, di fatto, occupa il potere. Tollerare non vuol dire condividere o approvare, vuol dire semplicemente che Dio ha tempi diversi dai nostri, secondo il detto popolare: Dio non paga il sabato. Ciascuno sarà giudicato secondo in suoi meriti e riceverà il premio o la pena eterna. Perciò non invidiamo troppo coloro che dovranno rispondere di molto: *"Molto sarà chiesto a colui che molto ha ricevuto, e ancor più si esigerà da colui al quale molto è stato affidato"* (Lc 12, 48). L'infinita Sapienza divina tollera e permette anche il male, in vista di un maggior bene. Noi non possiamo capire i pensieri di Dio.

Per il cristiano, accettare passivamente (cioè subire) l'autorità che di fatto ci governa è un dovere altamente meritorio; l'importante è di non

---

7) Unica eccezione che mi viene in mente riguarda Gabriel Garcia Moreno (1821-1875), presidente cattolico dell'Equador, assassinato da una congiura massonica. Proprio il suo assassinio ci conferma di fatto che – dopo la Rivoluzione francese – non sia più possibile una repubblica fondata sui valori cristiani. Tutti gli esempi storici dimostrano che la repubblica democratica, d'impronta laicista e giacobina, sia il modo più facile e sicuro con cui la rivoluzione s'impossessa del potere degli Stati e stabilisce governi contro Dio e di conseguenza contro l'uomo. Naturalmente il tutto in nome della libertà (intesa secondo Lucifero) e di una pletora di "diritti" (civili, politici, sociali, sindacali) in una parola che vorrebbe dire tutto, e invece non dice niente: "democratici"); questi "diritti" sono in realtà tutti contro il vero e unico diritto: il diritto dell'uomo.

essere collaboratori attivi con il male (vedremo, più avanti, quale tipo di condotta morale deve avere il credente).

*"Ognuno sia soggetto alle autorità superiori; poiché **non c'è autorità che non venga da Dio**, e quelle che esistono sono disposte da Dio. E perciò chi si oppone all'autorità resiste all'ordine stabilito da Dio; e coloro che resistono attirano la condanna sopra se stessi* [parole inequivocabili, e perciò sgradite alla mentalità d'oggi. Come caso estremo, pensiamo agli anarchici, che sono contro ogni forma di autorità: "né Dio né Stato"]. *Quelli che comandano non devono esserci di timore per le buone azioni, ma per quelle cattive* [per quanto oggi ci sembri incredibile quest'affermazione, l'Impero romano fondava le sue leggi sul diritto naturale, che non era in contrasto con le leggi di Dio stabilite nella Creazione e proclamate nel Decalogo. E questo indipendentemente dalla qualità etica personale di chi era preposto ad applicare la legge. E pensare che i tempi degli apostoli Pietro e Paolo erano quelli di Nerone, uno dei peggiori imperatori di tutto l'Impero romano, se non il peggiore in assoluto. Oggi il diritto si basa su leggi fatte dall'opinione, dal parere, umori, mode, ripicche, voltafaccia, di maggioranze parlamentari "sovrane", cioè fluttuanti, instabili, incostanti e quindi sul puro arbitrio, non certamente sull'oggettività del diritto naturale immutabile]. *Vuoi tu non aver paura dell'autorità? Diportati bene e riceverai la sua approvazione. Essa infatti è ministra di Dio per il tuo bene. Se invece agisci male, temi; non per nulla porta la spada, ma, essendo ministra di Dio, deve punire chi opera il male. È necessario quindi che siate soggetti, non solo per paura della punizione, ma anche per motivo di coscienza. Per lo stesso motivo ancora, voi dovete pagare anche le imposte perché sono pubblici funzionari di Dio, quelli addetti a tale ufficio* [anche qui bisognerebbe fare qualche commento circa i tempi d'oggi. Rimando il tutto al capitolo 2]. *Rendete a tutti quanto è dovuto: a chi è dovuta l'imposta, l'imposta; a chi la gabella, la gabella; a chi riverenza, la riverenza; a chi l'onore, l'onore"* (Rm 13, 1-7).

Anche san Pietro conferma le stesse raccomandazioni: *"Siate sottomessi, per amore del Signore, ad ogni autorità costituita in mezzo agli uomini: sia al re, perché sovrano, sia ai governatori, quali inviati da lui per punire i malfattori e approvare i buoni. Poiché è volontà di Dio , che voi, praticando il bene, riduciate al silenzio gli uomini ignoranti ed insensati e, liberi come siete, non usiate della libertà come velo per coprire la malizia, ma vi diportiate da servi di Dio. Rispettate tutti, amate i fratelli, temete Iddio, onorate il re.*

Servi, siate sottomessi con ogni rispetto, ai vostri padroni, non solo a quelli che son buoni e ragionevoli, ma anche a quelli di carattere intrattabile. Poiché piace a Dio che si sopportino afflizioni per riguardo verso di lui, quando si soffre ingiustamente. Infatti, che gloria vi è nel sopportare ed essere battuti quando si è mancato? Ma se voi, pur avendo agito rettamente, sopportate sofferenze, e tuttavia rimanete sottomessi, questo è gradito davanti a Dio. Anzi è appunto a questo che voi siete stati chiamati, perché Cristo ha sofferto per voi, lasciandovi un esempio, affinché ne seguiate le orme" (1Pt 2, 13-21).

Non può non impressionarci il richiamo ad essere sottomessi ai padroni. Anche verso costoro il credente deve avere il comportamento esemplare raccomandato da san Paolo e san Pietro. San Pietro parla di 'servi' ma in realtà si trattava di veri schiavi. E pensare che furono proprio i princìpi del Cristianesimo a maturare le coscienze, fino a giungere all'abolizione della schiavitù. San Pietro parla dell'atteggiamento interiore che deve avere la persona sottomessa anche verso i 'padroni'. Cristo stesso ci ha dato l'esempio per conseguire le virtù eroiche. Dietro a queste esortazioni, si può compendiare tutto l'insegnamento del Cristianesimo: *"Chi vorrà salvare la sua vita, la perderà; ma chi perderà la sua vita per amor mio, la troverà"* (Mt 16, 25). Che cos'è infatti la vita presente rispetto all'eternità? Un battito di ciglia, e anche meno.

Finora abbiamo visto la parte passiva del concetto di sovranità: l'obbedienza a chi detiene potere, indipendentemente da chi sia e da come agisca. Adesso passiamo a considerare la parte attiva, distinguendo però su che cosa si fonda la differenza fra sovranità e potere.

1.2 – Differenza fra sovranità, potestà e potere

Come abbiamo visto, la sovranità appartiene propriamente a Dio solo (**sovranità assoluta**), il quale può delegarla in parte ad un sovrano terreno, da Lui scelto (**sovranità relativa**), che in terra viene chiamata *sic et simpliciter* "sovranità". Va da sé che il sovrano terreno, voluto da Dio, sia votato a Dio, consacrato nel Suo nome e, con la Sua Grazia[8], sia uno strumento provvidenziale di bene per il popolo che Dio gli affida in questo mondo, in preparazione alla vita eterna. Come Dio si avvale del Sacerdozio per la salvezza eterna del genere umano, così si avvale dei sovrani terreni perché reggano, con il Decalogo, i popoli loro affidati in questa vita.

Anche in questo campo la Parola di Dio ci guida e ci ammaestra. Nel capitolo ottavo del primo libro di Samuele viene descritto come Dio concesse la Monarchia al Popolo eletto. Dio accontenta Israele che, per bocca di Samuele, chiede un re (terreno), e Dio lo concede, ma fa una riflessione amara: «"Ascolta pure la voce del popolo in tutto quello che ti diranno, perché non hanno respinto te [Samuele era il Giudice d'Israele], *ma respingono me, affinché non regni più su di loro. Come han sempre trattato me dal giorno in cui li feci uscire dall'Egitto, sino ad oggi, abbandonandomi per servire ad altri dèi, così ora trattano anche te. Acconsenti pure alle loro richieste, ma preavvisa e fa conoscere con tutta chiarezza al popolo il diritto del re, che regnerà su di loro"*» (1Sam 8, 6-9)[9]. Il popolo d'Israele, In quanto 'Popolo eletto', non sarebbe dovuto essere come tutti gli altri popoli, perché aveva il privilegio di avere Dio stesso per sovrano, già in questo mondo. Eppure Dio concede un monarca umano, che Lo rappresenti in terra, secondo il desiderio del Popolo di Dio. Per l'"unto del Signore" (il Re

---

8) L'espressione canonica usata per l'insediamento regale è: **per Grazia di Dio e volontà della Nazione**. Il popolo cristiano fa propria la volontà espressa da Dio.
9) La Parola di Dio ci conferma ufficialmente che il vero sovrano è Dio stesso, e che il sovrano terreno è tale per divina concessione.

consacrato), Dio non si limita ad una pura concessione di una parte della sua sovranità, ma, in modi misteriosi, sceglie Egli stesso il sovrano che ha eletto. Eccone un esempio: «Il Signore disse a Samuele: *"Fino a quando piangerai su Saul, mentre io l'ho ripudiato perché non regni su Israele? Riempi di olio il tuo corno e parti. Ti ordino di andare da Iesse il Betlemmita, perché tra i suoi figli mi sono scelto un re"*» (Gn 16, 1). Samuele obbedì e… «*"Provvedete a purificarvi, poi venite da me al sacrificio". Fece purificare anche Iesse e i suoi figli e li invitò al sacrificio. Quando furono entrati, egli osservò Eliab e chiese: " È forse davanti a me il tuo consacrato?". Il Signore rispose a Samuele: "Non guardare al suo aspetto né all'imponenza della sua statura. Io l'ho scartato, perché io non guardo ciò che guarda l'uomo. L'uomo guarda l'apparenza, il Signore guarda il cuore"* (ibidem, 6-7)… *"Iesse presentò a Samuele i suoi sette figli e Samuele ripeté a Iesse: "Il Signore non ha scelto nessuno di questi". Samuele chiese a Iesse : "Sono qui tutti i giovani?" Rispose Iesse: "Rimane ancora il più piccolo che ora sta a pascolare il gregge*[10]*. Samuele ordinò a Iesse: "Manda a prenderlo, perché non ci metteremo a tavola prima che egli sia venuto qui". Lo mandò a chiamare e lo fece venire. Era fulvo, con begli occhi e gentile di aspetto. Disse il Signore: "Alzati*[11] *e ungilo: è lui". Samuele prese il corno dell'olio e lo consacrò con l'unzione in mezzo ai suoi fratelli, e lo spirito del Signore si posò su Davide da quel giorno in poi"* (ibidem 10-13). **Lo Spirito del Signore si posa e permane sui Suoi consacrati, purché essi non tradiscono la Sua elezione**.

---

10) spesso, nelle famiglie numerose, al più piccolo toccano le incombenze che nessuno dei fratelli più grandi vuole fare; nel caso specifico, pascolare il gregge di famiglia. Ma Davide lo faceva volentieri perché, nelle solitudini dei pascoli, sentiva la vicinanza di Dio: *"Il Signore è il mio pastore: non manco di nulla…"* (Sal 22 /23, 1.
11) Interessante questo imperativo 'alzati'. Ci si alza quando entra un'autorità, uno a cui si deve rispetto e ossequio. In quel momento Samuele (sacerdote, giudice in carica e primo dei profeti) era la massima autorità in Israele. Eppure Dio chiede a Samuele quest'atto di riverenza per Davide, perché, per elezione divina, era già il prescelto.

Prima di cambiare argomento, fermiamoci per fare alcune considerazioni.

1) – Il racconto biblico ci conferma dunque che l'autentica sovranità sulla terra appartiene a Dio e può essere trasmessa ad un uomo solo per concessione divina. Ogni altra pretesa forma di 'sovranità' (senza Dio o contro Dio) non può che essere un'arrogante, blasfema e rivoluzionaria 'presa del potere', che crea – **non una sovranità legittima** – ma costituisce un potere di fatto, non di diritto (sempre tirannico, anche se si definisce 'democratico').

2) – Se la monarchia terrena si allontana dalla volontà e dalla Grazia di Dio, perde la sua legittimazione e di conseguenza, prima o poi, perderà anche il regno (ciò avveniva ufficialmente in passato con la scomunica del sovrano infedele da parte del Vicario di Cristo). In quel caso, il popolo veniva sciolto dal vincolo di fedeltà e obbedienza al Re. Se invece il sovrano terreno è fedele a Dio, rappresenta Dio nell'ordinamento 'politico' terreno. Ma solo se è fedele, perché se il sovrano è infedele a Dio, perde a sua volta la fedeltà dei suoi sudditi. Infatti perde qualsiasi diritto di rappresentare Dio in terra, e quindi la sua stessa autorità, e pertanto il suo potere diventa illegittimo. Così avvenne al ramo 'Carignano' di Casa Savoia, quando i suoi membri lasciarono Dio, a cominciare da Carlo Alberto, che concesse lo 'Statuto' ai rivoluzionari, e specialmente Vittorio Emanuele II, che combatté la Chiesa e si mise al servizio della Massoneria, e quindi del satanismo. Questa è l'essenza della triste tragedia nazionale, tanto decantata nei libri di Storia (laicisti) con il nome di "Risorgimento".

3) – Ne consegue che l'instaurazione della repubblica in Italia (e oltretutto con le modalità con cui avvenne) fu la conclusione di una cospirazione, preparata mediante lo Statuto Albertino, durato un secolo (1848-1948), e conclusasi con l'instaurazione della repubblica. Una strategia eversiva, un atto rivoluzionario d'indicibile e inqualificabile prevaricazione, per cui tuttora viviamo in un regime politico contro Dio, abusivo, illegittimo e illegale. **Illegittimo in quanto al merito** (come abbiamo visto, non ha alcun fondamento in fatto di legittimità), **illegale in quanto al modo** (per tutti i reati che furono compiuti per instaurare la repubblica con la forza (e tuttora perdurano nella gestione

di un potere illegittimo): inganni, violenze, tradimenti, falsificazioni, ricatti e tanto altro, di male in peggio). Come sorprenderci delle conseguenze che tutti possono vedere?

Come giustificare le scelte di Dio, che a noi certe volte sembrano così strane? Non tocca a noi giudicare. Dio stesso ce lo spiega per bocca del profeta Isaia: *"Perché i miei pensieri non sono i vostri pensieri, le vostre vie non sono le mie vie – oracolo del Signore. Quanto il cielo sovrasta la terra, tanto le mie vie sovrastano le vostre vie, i miei pensieri sovrastano i vostri pensieri"* (Is 55, 8-9). L'infinita sapienza di Dio sta anche nel fatto che Egli sa trarre il bene persino dal male. Una cosa che noi non possiamo nemmeno immaginare.

Infine, prima di passare ad altro, una doverosa precisazione. Nel clima di generale confusione e di menzogne consolidate di questi tempi, recentemente si è affermato il neologismo **"sovranismo"**, che, preciso subito, non ha nulla a che vedere con il concetto di sovranità sin qui esposto. Per sovranismo s'intende una posizione politica che propugna la difesa della sovranità nazionale, in tutti i suoi aspetti, in contrapposizione alle dinamiche della globalizzazione e alle politiche sovrannazionali.

Come tutto, in "democrazia"; non può che essere una posizione di parte, e quindi oggetto di divisione e scontro fra i professionisti e associati della politica, che non lavorano come tutti gli altri in qualche azienda, ma campano benissimo come esperti di disquisizioni e contrapposizioni ideologiche, e di tante altre inezie che fanno parte delle arti occulte, di cui sono specialisti. Costoro sono schierati saldamente dalla parte dei poteri forti mondialisti, sostenuti dalla stragrande maggioranza dei "giornaloni" e dei *mass-media* in genere (se vuoi campare bene in questo mondo, devi sempre stare dalla parte "giusta"). Solo che qui la parte "giusta" coincide con qualcosa di molto grave: il tradimento della Patria. Infatti, essere anti-sovranisti, vuol dire essere antitaliani, cioè sempre schierati contro l'Italia, a prescindere, ed entusiasticamente sempre a favore dei nemici d'Italia. Avete capito bene. La setta dei traditori della Fede e della Patria si e fatta partito, schieramento politico. Costoro sono idealmente i figli, nipoti o pronipoti di coloro che nel secondo

dopoguerra si sono salvati grazie all'art. 16 del Trattato di Pace[12]
Dunque essere stati salvati dall'art. 16 del Trattato di Pace era un'onta,
di cui vergognarsi; per il livello dei "politici" d'oggi, essere "anti-sovranisti" è un vanto. Specchio dei tempi!

POTESTÀ (Podestà). Esiste poi la potestà, che è il potere di rappresentanza che il sovrano concede ai suoi più stretti collaboratori, in
campi specifici e limitati, per periodi di tempo determinati. La sovranità – benché relativa – è tutta nel sovrano; chi esercita legalmente la
potestà lo fa in nome e per conto del Re, al quale deve rispondere del
suo mandato. Quindi la potestà è l'autorità che il sovrano delega ai suoi
collaboratori, per compiti specifici e limitati nel tempo e nello spazio.
Naturalmente **la potestà è autentica se il sovrano è autentico**, cioè se
rientra nel primo dei due casi di sovranità visti sopra, altrimenti è una
semplice autorità di fatto, che è un'altra cosa, anche se in ogni caso
si deve tenerne conto. Nel Medioevo il termine 'Podestà' aveva un
significato diverso. Ad esempio a Firenze designava la massima magistratura elettiva del libero Comune. Durante il fascismo il podestà
designava la massima autorità di un Comune, per nomina governativa
e sotto la giurisdizione del prefetto della Provincia, quindi non era una

---

12) Questo articolo del Trattato di Pace riprendeva il testo dell'art. 32(B) del cosiddetto Armistizio "lungo", firmato dal maresciallo Badoglio e dal gen. Eisenhower,
a Malta, il 29 settembre 1943: *Le persone di qualsiasi nazionalità che sono state
poste sotto sorveglianza, detenute o condannate (incluse le condanne in contuma-
cia) in conseguenza delle loro relazioni o simpatie colle Nazioni Unite, saranno
rilasciate in conformità agli ordini delle Nazioni Unite e saranno sciolte da tutti gli
impedimenti legali ai quali esse sono state sottomesse"*.
Il testo inglese, che è quello ufficiale, dice: *"Nationals of any Allied or Associated
Power accused of having violated their national law by **treason** or collaboration
with the enemy during the war"*. La versione inglese è molto più esplicita e cruda:
treason = tradimento. Il testo italiano (evidentemente per vergogna) parla di "relazioni o simpatie" con i nemici. È chiaramente volontà di minimizzare la portata di
affermazioni d'inaudita gravità; in ultima analisi, è per vergogna. Ma la vergona
rimane, perché, prima Badoglio e poi De Gasperi, hanno accettato e sottoscritto – a
nome dell'Italia – una cosa simile.

carica elettiva da parte dei cittadini, com'è oggi il sindaco[13].

Di tutta l'impalcatura del governo locale dello Stato è rimasta solo la carica del Prefetto ad essere di nomina governativa.

Nel caso del "sovrano" (del secondo tipo), che si arroga la sovranità pur non avendone i requisiti, questi è semplicemente un usurpatore e il suo potere è illegittimo. Pertanto va da sé che anche i suoi collaboratori non abbiano alcuna autentica potestà. Tuttavia entrambi, avendo un'autorità di fatto, rientrano nei casi già visti della permissione divina (non di un positivo assenso). In ogni caso, **chiunque sia al potere, se ordina di fare il male, non va ubbidito, perché altrimenti si diventa collaboratori del male.** Il giusto atteggiamento in questo caso è l'obiezione di coscienza, la non-collaborazione, e, nei casi estremi, la disobbedienza civile. Il giusto sovrano può comandare solo il bene.

POTERE. Se la sovranità (autentica) è una prerogativa divina, il potere (il potere per il potere) è una prerogativa diabolica: *"...Ti darò tutta questa potenza e la gloria di questi regni, perché è stata messa nelle mie mani e io la do a chi voglio"* (Lc 4, 6). Il potere è la facoltà di comando, d'"imperio', che ha chi, di fatto, è al vertice dello Stato o in qualsiasi altra situazione in cui può comunque imporre la sua volontà agli altri ed esercitare il potere, anche senza averne alcun diritto. Quindi va da sé che il potere può essere conseguito ed eserci-

---

13) Meglio essere governati da un Podestà o da un Sindaco? Carlos Alberto Siri, in questi casi, non avrebbe avuto dubbi: dipende (quasi) esclusivamente dall'uomo, perché egli è l'unica causa efficiente che determina la qualità dell'operare umano. È tuttavia innegabile che la carica di Podestà presenti notevoli vantaggi. Innanzitutto **non è una carica divisiva**; se il Sindaco rappresenta la maggioranza, significa che c'è una minoranza, che può avere ragione in molte cose e può essere molto agguerrita nel cercare d'imporle. È anche innegabile che il Podestà, disponendo di un Consiglio Comunale solo consultivo e propositivo (e non politico) sia **meno influenzato da questioni ideologiche e di parte; meno soggetto alle pressioni di interessi locali**, perché la sua carriera è legata al benestare del governo e non al consenso di *lobby* locali. Inoltre è certamente meno soggetto a permettere infiltrazioni mafiose nel Comune, perché la sua carriera non è legata al territorio, ma può salire di grado solo con il benestare dei suoi superiori, e normalmente ciò può avvenire grazie ai trasferimenti.

tato in modo legittimo o illegittimo. Un fuorilegge che, con un'arma in mano, si fa ubbidire, esercita, senza averne alcun diritto, il suo potere, ma chiaramente lo fa nella più assoluta illegittimità e illegalità. Dico di più. Se ci fosse un gruppo di malviventi a far violenza ad una persona disarmata, costoro – dal punto di vista democratico-formale – potrebbero far valere le loro ragioni, essendo la maggioranza. Basti questo caso estremo ed assurdo, giuridicamente inconsistente eppure democraticamente incontestabile, per capire quanto sia fallace il principio (oltretutto fluttuante) della volontà della maggioranza.

Che differenza c'è fra un ladro e un padre della Repubblica? Se rubi una mela, sei un ladro; se rubi e ti impossessi, senza alcun diritto e merito, con l'inganno e la forza, del potere di uno Stato, non sei un ladro, ma hai buone possibilità di essere acclamato "Padre della Repubblica".

La nostra Nazione è antichissima, ma mille anni fa naturalmente non esisteva lo **Stato italiano**, e non c'era proprio nulla del mondo che adesso ci circonda, ma c'era già la **Contea di Savoia**[14]. Lo Stato che un po' alla volta si è formato nei secoli e che oggi chiamiamo "Stato italiano", è opera della dinastia dei Savoia. Per più di otto secoli e mezzo i Savoia sono stati una Dinastia sovrana, poi per cent'anni (1848-1948), avendo concesso lo Statuto Albertino, sovrani costituzionali, condividendo il governo dello Stato – non a singoli cittadini meritevoli (come per la generosità e magnanimità i sovrani hanno sempre fatto) – ma con forze politiche organizzate, le quali pretendevano la compartecipazione al potere, non per meriti acquisiti ma come un atto dovuto, in base a princìpi astratti da loro stessi formulati. Come tutto ciò sia potuto succedere, l'ho spiegato in *Traditori della Fede e della Patria* (2024); l'esito infausto che tutto ciò ha prodotto, lo vedremo fra poco.

Tutte le rivoluzioni sono state fatte per impossessarsi del potere – del potere per il potere –, con tanti delitti e nessun diritto. Se uno prende il potere con un colpo di Stato, cioè con la forza e/o con l'ingan-

---

14) Il primo documento scritto in cui appare la Dinastia omonima è del 1003. Il primo conte, con investitura diretta da parte del sacro romano Imperatore, fu il conte Umberto Biancamano, la cui famiglia era di origini carolinge.

lo, senza avere alcuna legittima investitura sovrana, compie una violenza d'inaudita gravità, perché si pone arbitrariamente come Capo dello Stato e assoggetta un intero popolo al suo potere. Questo fu il caso del colpo di Stato che avvenne in Italia, in occasione del cosiddetto *referendum* "istituzionale" monarchia/repubblica del 2 e 3 giugno 1946. Per certi aspetti, quell'evento eversivo fu più grave della stessa "Marcia su Roma"(1922). Questa infatti finì quando il Re (che in quel momento era il legittimo Capo dello Stato, almeno per permissione divina) diede l'incarico a Mussolini di formare il governo. La sedizione "repubblicana" invece terminò con la cacciata in esilio del legittimo Sovrano.

Ma chi sono questi signori – sedicenti padri della Patria o, almeno, della repubblica, che, senza detenere alcuna sovranità e, ancor peggio, senza alcuna verità, dicono al popolo che è Sovrano? Costoro, con la massima disinvoltura etica, effettuano un triplo salto mortale contro la verità.

1) – Essi non hanno alcun titolo per possedere la sovranità; l'hanno tolta al sovrano, che, nonostante tutto, la esercitava legittimamente; ma non possono averla per sé e tanto meno darla ad altri;

2) – Ciò di cui si sono impossessati in realtà è il potere. Usano l'inganno per illudere il "popolino", ben sapendo che la sovranità non esiste più e in ogni caso non sarebbe trasmissibile;

3) – Dànno al popolo l'inesistente "sovranità" e "i sacri e inviolabili princìpi costituzionali" (così passano anche per magnanimi altruisti). Il potere reale se lo tengono ben stretto nelle loro mani, e lo esercitano dietro le quinte delle istituzioni, lontano da fari e occhi indiscreti (alla faccia della decantata trasparenza!).

Data la gravità degli effetti che **la sedizione repubblicana** ha prodotto nella tormentata storia del nostro Paese, conviene richiamare, almeno per sommi capi, tutti gli aspetti di illegittimità e illegalità (se non di vera e propria criminalità) di quella tormentata vicenda[15].

---

15) Su tutta l'incredibile vicenda mi sono già occupato, e con dovizia di particolari, nei miei libri *Cara Italia* (1996), *La grande Rigenerazione* (2023) e *Traditori della Fede e della Patria* (2024).

Vediamo dunque almeno i fatti più macroscopici di questa bruttissima pagina di storia, che si è compiuta tradendo lo Statuto Albertino (allora pienamente in vigore) e soprattutto il Re, con lo spergiuro di un intero governo che era stato nominato dal Sovrano. Ecco, in estrema sintesi, i fatti:

1) – Due regioni (Trentino Alto Adige e Venezia Giulia) e 600 mila prigionieri di guerra, non ancora rimpatriati, rimasero esclusi dalla consultazione;

2) – Secondo l'istituto di statistica, sulla base dei dati anagrafici, i votanti non avrebbero dovuto superare i 21 milioni; secondo i dati della votazione, resi noti dal Ministero dell'Interno, furono quasi 25 milioni (quattro milioni in più del dovuto);

3) – Il modo di calcolare la maggioranza fu fatto sui voti validi espressi, anziché, come prescriveva il decreto che istituiva il *referendum*, sul totale dei votanti (calcolando quindi anche le schede bianche o nulle);

4) – Non ci fu solo disorganizzazione: alcuni ricevettero tre certificati elettorali, altri due (come avvenne allo stesso Re), altri nessuno;

5) – Tommaso Bruno, operaio al Poligrafico dello Stato dal 1934, affermò, con testimonianza giurata, l'esistenza di *cliché* per la stampa di falsi certificati elettorali presso una sezione staccata del Poligrafico dello Stato (*cliché* effettivamente trovati dalla polizia durante un sopralluogo). Episodio gravissimo, ignorato dai giornali. Questa denuncia costò al Bruno il posto di lavoro, ma i sindacati non lo tutelarono in quell'emergenza;

6) – Dopo lo scrutinio di 18 milioni di voti, la situazione era la seguente: 54% alla monarchia, 46% alla repubblica. 18 milioni di voti significava che ne mancavano al massimo solo 3 milioni per raggiungere il totale degli aventi diritto al voto (21 milioni), quindi quel dato era molto vicino al risultato definitivo;

7) – Durante la notte fra il 4 e 5 giugno, preceduto da un lungo silenzio delle fonti ufficiali, arrivò all'improvviso il ribaltamento della situazione: un milione di voti per la repubblica;

8) – Ci furono degli arresti fra i tantissimi firmatari di ricorsi alla Cassazione per brogli elettorali, nei verbali delle 35 mila sezioni elettorali;

9) – Il ministro di Grazia e Giustizia, il comunista Palmiro Togliatti, assunse nominatamente 200 funzionari con procedura d'urgenza, per "sveltire" gli accertamenti di verifica dei verbali delle sezioni elettorali e sui suddetti ricorsi alla Cassazione;

10) – Il piano eversivo del governo fu lungamente ponderato in una riunione tenutasi nella notte fra l'11 e il 12 giugno (ne fanno fede le registrazioni stenografiche degli interventi dei vari ministri);

11) – La decisione del governo fu presa nella riunione della notte seguente, 12-13 giugno. Fu un autentico colpo di Stato rivoluzionario. Il Presidente del Consiglio dei Ministri, Alcide De Gasperi, si auto-proclamò Capo Provvisorio della Stato, con il voto favorevole del governo che presiedeva. Dunque il 13 giugno c'erano in Italia due Capi dello Stato: Umberto II e Alcide De Gasperi!

12) – Evidentemente il governo temeva la proclamazione dei risultati ufficiali del *referendum*, che la Cassazione si era impegnata a fare entro il 18 giugno, dopo aver verificato i numeri reali dei risultati definitivi, valutato i criteri dei conteggi, i ricorsi da parte delle sezioni elettorali, ecc.. Il Re aveva asserito più volte che avrebbe accolto il risultato accertato dalla Cassazione; il governo evidentemente no;

13) – La mattina seguente il Re non fece arrestare i ministri e non diede l'ordine di Stato d'Assedio. Pare che la sua decisione sia stata influenzata soprattutto da ciò che le Potenze alleate gli avrebbero fatto sapere, e cioè che, in caso di scontri armati in Italia, avrebbero sostenuto la parte della repubblica. Forse questo fu l'elemento principale che portò alla decisione del governo, e certamente lo fu per la decisione del Re. L'11 giugno a Napoli c'era stata la strage (dovuta ad armi da fuoco) di decine fra morti e feriti gravi di giovani monarchici, in via Medina, da parte della polizia e di partigiani comunisti armati, confusi tra la folla. Fu anche consigliato al Re di assentarsi qualche tempo, affinché si "rasserenassero gli animi". Il Re decise di partire per l'esilio (in Portogallo), quello stesso 13 giugno, pomeriggio, con un aereo militare.

14) – Tant'era la malafede, anche in quest'ultimo caso, che 37 anni dopo, quando il Re stava per morire (1983), chiese al governo italiano di poter morire in Italia e di essere sepolto in Italia, ma anche queste

due richieste – di un moribondo – non furono accolte;

15) – Infine, l'ultima "ciliegina". La sera del 17 ottobre 2023, il canale televisivo RAI Storia, intorno alle 19,45 ripresentò l'intervista di molti anni prima di Enzo Biagi a Maria José di Savoia (1906-2001), moglie di Umberto II, la "regina di maggio". Parlando del *referendum* monarchia/repubblica **Maria José ha detto che ancora prima del voto ella sapeva, da informazioni riservate** (polizia e/o altro, non ha specificato)**, che la repubblica avrebbe vinto con uno scarto di due milioni di voti.** I dati finali, secondo il Ministero dell'Interno, furono: 12.717.000 voti alla repubblica, 10.719.000 alla monarchia.

Io sono un italiano, nato nel 1943, che dal 1946 sente ripetere in ogni occasione le stesse falsità, da tutto un apparato di potere che da settantotto anni ha occupato lo Stato e si regge su dette falsità. Non ne posso veramente più!

Sono nato nel più bel Paese del mondo, ma ho conosciuto solo falsità, menzogne e prepotenze di usurpatori. I barbari compirono distruzioni e ruberie, ma i danni che provocarono furono solo materiali. I devastatori di oggi, non sono stranieri ma barbari connazionali, hanno fatto esattamente il contrario: hanno mirato soprattutto al cuore, alla distruzione della verità e di ogni fondamento di giustizia, onore, dignità, valore. Io non ho tradito nessuno: né la Chiesa di Cristo né l'Italia. Non voglio essere come loro e non voglio stare in loro compagnia. Confesso che se avessi potuto scegliere dove nascere, non sarei voluto nascere in questo Paese. Sarei stato un entusiasta e appassionato cultore (straniero) della civiltà italiana e sincero ammiratore dei grandi del suo passato, non dei (sedicenti) presunti "grandi" del presente, che in realtà non ci sono. Da quando sono nato, vivo in un Paese che non sento mio. Non mi sento in sintonia con il mondo che mi circonda. Ho fatto appena in tempo, nella mia prima infanzia[16] ad assaporare ciò che

---

16) Sono nato a Verona il 13 maggio 1943, ma ci sono vissuto solo la prima settimana della mia vita, dal 13 al 20 maggio (nascita e Battesimo). Sono vissuto poi a Bovolone (VR) fino al settembre 1949.

rimaneva del "buon tempo antico". La gente era semplice e buona.
Ricordo le donne anziane che nei pomeriggi si trovavano nelle case
per leggere insieme la "Filotea" e per pregare; ricordo la maestosità
della "chiesa nuova" e delle funzioni liturgiche, che ai miei occhi ap-
parivano come il sacro Tempio di Gerusalemme…; tanta brava gente,
onesta e lavoratrice, umile di sentimenti e religiosa, anche se non necessariamente di umile classe sociale, che affrontava le difficoltà e le
gioie della vita con coraggio, impegno e fattiva solidarietà. Tutto un
mondo spazzato via dalla "repubblica democratica" e da tutto l'odio,
le divisioni, le invidie sociali e la malvagità che ha portato. Ho dovuto
impiegare tutta la mia vita per capire quanto male ci è stato fatto e
quanto abbiamo perso, in cambio del nulla, infarcito di menzogne. Allora non sapevo niente di tutto il male che c'è in questo mondo. Beata
ingenuità, beata innocenza!

Io non mi identifico assolutamente in nulla con la masnada dominante
che ci ha portato al presente stato di degrado e abiezione, e tuttora ci
governa. Il mio rigetto per costoro è totale. Hanno distrutto i veri valori e guastato l'Italia. Dovemmo ringraziarli? Sono veri traditori della
Fede e della Patria, eppure quando muoiono hanno i funerali di Stato!
Signori, da che parte vorrete stare nel giorno tremendo del Giudizio?
Siete ancora in tempo per convertirvi e cambiare vita. Avete un conto
salato da pagare, ma vi credete abbastanza furbi da essere al di sopra
della giustizia divina (quella umana non vi spaventa, vi sentite ben
protetti). Vedremo. Il tempo, prima o poi, è galantuomo, in questa e
nell'altra vita. Per vedere da che parte sta la verità, si tratta solo di
attendere.

1.3 – La libertà è un mezzo, non il fine

Potrebbe sembrare un diversivo, rispetto al tema che stiamo trattando,
ma non è così. Questa è una verità di grandissima importanza, che
ci aiuta a non andare fuori strada. Infatti, a prima vista, si è tentati
di credere che la libertà sia il fine. Quanta enfasi sulla libertà: com-
battere per la libertà, morire per la libertà… È la prima parola della

triade rivoluzionaria: *liberté, égalité, fraternité.* Se si combatte per la libertà, e si vince, vuol dire che abbiamo conseguito il fine? No, non abbiamo conseguito il fine ultimo, ma un fine parziale o scopo, che poi non è fine a se stesso, ma è utile (anche se non indispensabile) per conseguire il vero fine ultimo. **Il fine ultimo dell'uomo in questa vita** è conseguire la massima realizzazione di se stesso, **cioè la piena valorizzazione dei talenti che Dio ha dato a ciascuno e, nella vita futura, la beatitudine eterna.** Dunque libertà dal male, il quale è il principale ostacolo alla nostra realizzazione. La libertà non è fine a sé stessa, ma è la condizione ideale che rende più facile la realizzazione della nostra vocazione terrena e il nostro destino eterno. Questa è la libertà secondo Dio. Attenzione: libertà **di** Dio, non libertà **da** Dio. Attenzione ancora a ciò che segue: la differenza fra libertà e verità non è un'inezia. La libertà che ti propone il satanismo è quella già vista della triade della Rivoluzione francese. **Una libertà esteriore, non interiore.** Una "libertà" che si "conquista" sui campi di battaglia, facendo violenza agli altri, non a se stessi. Anche in questo caso, una "libertà" per modo di dire, perché non fu vera libertà per i francesi, e fu invece pura tirannide per gli altri popoli, i quali, benché sottomessi ai francesi, pure combattevano ufficialmente per la stessa *liberté.* Se non hai la libertà interiore (in te stesso), la libertà esteriore può addirittura essere un pericolo per la tua salvezza eterna. Questa libertà, non essendo vincolata alla verità, può degenerare facilmente nel libertinaggio o nell'**anarchia, fase terminale ed estrema della democrazia.** Tutte cose che ti portano fuori strada, e possono compromettere il tuo esito nell'eternità.

La libertà che viene da Dio si fonda sulla verità: *"La verità vi farà liberi"* (Gv 8, 31). Libertà interiore ('libertà dei figli di Dio'), che nessun "nemico" potrà mai conculcare. Satana non può proporti la verità come via obbligata alla vera libertà, per il semplice motivo che egli è la menzogna personificata (*"Quando dice il falso, parla del suo, perché è menzognero e padre della menzogna"*; Gv 8, 44). Anche se volesse, Satana non potrebbe dirti la verità.

Nella triade rivoluzionaria, la verità non è nemmeno menzionata. Non interessa proprio, e non sorprende. Cristo invece ti propone un'altra

triade: *"Io sono la via, la verità e la vita"* (Gv 14, 6). **La 'verità' di Cristo** è al centro: **è la via per conseguire la vita**.
La vera rivoluzione mondiale si deve fare per la verità. Non c'è bisogno di spargimenti di sangue: la verità è premio a sé stessa. Chi preferisce vivere nella menzogna, non ha bisogno di una condanna esterna; è già uno che punisce se stesso, e in modo atroce. Va compatito, e possibilmente aiutato a scoprire la verità.
Tutte le altre rivoluzioni (sanguinosissime, totalmente inefficaci e inutili) sono state fatte in nome della libertà o dell'eguaglianza, che è il secondo termine della triade rivoluzionaria. Nessuno ha mai osato farla in nome della "fraternità" (c'è un limite a tutto!), perché di questa bugia – con tutti i massacri perpetrati dalle rivoluzioni – nessuno se l'è mai sentita di farne una bandiera. **Posso vivere senza libertà, senza eguaglianza, senza fraternità; ma non posso vivere senza la verità**.

A questo punto mi aspetto un'obiezione abbastanza comune: se mi viene negata la libertà, in coscienza non ho colpa, perché senza libertà viene forzata la mia volontà. È giusta questa osservazione? Fino a un certo punto, perché, anche a costo della vita, nessuno mi può togliere la mia libertà interiore, il mio libero arbitrio, frutto della mia volontà, costi quello che costi. La mancanza di libertà può limitare la mia riuscita in questo mondo. Questo è vero. Ma se consideriamo che la vita presente dura qualche decennio (al massimo), mentre la vita eterna non finirà mai, il danno è relativo. **La mancanza di libertà non può scalfire la mia rettitudine morale e, in ultima analisi, non cambia il mio destino eterno** (ne prendano atto i regimi tirannici, in tutte le loro varianti!). Perciò, nell'ordine dei valori, la mancanza di libertà non inficia il mio esito finale ed eterno. Questa è una verità già conosciuta anche dai pagani. Proprio per questo Dante mette a custode del Purgatorio (guarda caso, la 'Cantica della libertà') un "martire" della libertà interiore, Catone Uticense, detto il Minore (95-46 a. C.), pronipote di un'altra grande figura morale, Catone il Censore[17].

---

17) Dante per tutta la vita si professa monarchico (il suo pensiero politico è spiegato

"Vidi presso di me un veglio solo,/ degno di tanta reverenza in vista,/ che più non dee a padre alcun figliolo/..." [18] (Purg. I, vv. 31-33)/ *L raggi delle quattro luci sante/ fregiavan* sì la sua faccia di lume,/ ch'/ '*l vedea come 'l sol fosse davante/*" (vv. 37-39). Molto efficace, su Catone, l'argomento invocato da Virgilio a favore di Dante: "... *Or t. piaccia* [o Catone] *gradir la sua venuta/* [di Dante] *libertà va cercando, ch'è sì cara, come sa chi per lei vita rifiuta./Tu 'l sai, che non t. fu per lei amara/ in Utica la morte, ove lasciasti/ la veste ch'al gran dì sarà sì chiara."* (vv. 70-75). Nel giorno del Giudizio universale (il "gran dì"), "la veste" (il tuo corpo risorto) sarà glorioso e splendente, ancora di più di come adesso è la tua anima.

Per Lucifero, la "libertà" diventa una pseudo verità (non potrebbe essere altrimenti), quando è presentata in modo tale da venire fraintesa nella sua essenza, così da sviare gli sprovveduti. Qual è, allora, **la libertà secondo Lucifero?** È una falsa verità che si contrappone a quella di Dio, per camuffarne l'essenza. Lucifero vuole esaltare (e snaturare) talmente la libertà, da farla diventare addirittura il fine ultimo[19]; ma per gli esseri umani può essere solo un mezzo. **Il fine dell'uomo non è la libertà** (e

---

nella sua opera, il *De Monarchia).* Per Dante la Monarchia è necessaria per evitare o riparare i mali e le ingiustizie che vede così copiosi nella sua Firenze e in tutta Italia. Catone si tolse la vita per non soggiacere al vincitore, Giulio Cesare, e per non sopravvivere alla fine degli ideali etici in cui credeva. Dante, per le sue simpatie politiche, sarebbe dovuto stare dalla parte di Cesare, invece fa di Catone un modello etico di libertà interiore, quasi da venerare, perché, in qualche modo, egli simboleggia lo stesso Dante, il quale – condannato a morte – preferì l'esilio piuttosto che soggiacere all'ingiustizia e alla non-verità. Perciò Dante non mette Catone al Limbo, con i pagani (dove peraltro c'erano le grandi figure etiche del passato), e nemmeno all'Inferno, fra i comuni suicidi. Catone Uticense – benché pagano e suicida – è posto addirittura come custode del Purgatorio, proprio per la sua mirabile virtù.
18) Queste 'luci sante' sono le quattro stelle della costellazione della Croce del Sud, visibile nell'emisfero australe. Esse risplendono sul volto di Catone perché simboleggiano le virtù cardinali: prudenza, giustizia, fortezza e temperanza. Queste virtù illuminavano talmente il suo volto che Dante lo paragona alla luce del sole.
19) Per lui è stato così: libertà per essere indipendente dal suo Creatore. Libertà **da** Dio. Questo era il suo fine.

non può esserlo, perché è un mezzo che serve per qualcos'altro); **Il fine dell'uomo** è invece **la sua piena realizzazione nell'ordine naturale** (in questa vita) **e nell'ordine soprannaturale** (nella vita eterna). **La libertà è la modalità etica utile per conseguire entrambi**. Il mio fine è da conseguire ad ogni costo, specialmente il fine ultimo, anche se mi viene tolta la libertà (esteriore) e persino la vita, perché **nessuno può togliermi la mia libertà interiore**. La verità è conosciuta da chi è libero da tutti condizionamenti: libertà interiore. Spesso, per questa, si deve superare eroicamente gravi costrizioni esterne. Bisogna ad ogni costo salvare la verità, anche a costo di perdere la libertà[20].

La "libertà" di Lucifero è la libertà __da__ Dio, e consiste nel ribellarsi ai comandamenti di Dio, guarda caso proprio contro le vie sicure e necessarie all'uomo per conseguire il suo fine ultimo. Questa naturalmente non è libertà, ma schiavitù del peccato, che è propriamente ciò che desidera Lucifero per l'uomo e sa come ottenerla; basti vedere il successo che ha, specialmente ai nostri tempi. Da quella volta che gli è andata bene con Eva («... *Ma il serpente disse alla donna: "Non morirete affatto! Anzi, Dio sa che, quando voi ne mangiaste, si aprirebbero i vostri occhi e diventereste come Dio, conoscendo il bene e il male"»*; Gn 3, 4-5), non smette mai di utilizzare lo stesso stratagemma, e la maggior parte dell'umanità ci casca sempre. Già questo, per Lucifero, è un grande risultato. Dunque, per Lucifero, **la libertà è un falso fine utilizzato per sviare dal vero fine**. Certamente la libertà è un valore in sé, ma un valore relativo, non assoluto, anche perché nessuno può comunque violare la libertà interiore di qualcun altro. Gli eroi che vengono esaltati come figure di

---

20) Un bell'esempio, a questo proposito, e non lontano dai nostri tempi, ci viene da Giovannino Guareschi (1908-1968), giornalista e scrittore di fama, l'autore di "Don Camillo". Fu l'unico giornalista italiano a scontare una pena detentiva per diffamazione, dall'avvento della Costituzione in poi. Era convinto della verità delle prove e delle testimonianze che portò in giudizio contro il potentissimo Alcide De Gasperi. Dopo la condanna, si rifiutò di ricorrere in appello e poi di chiedere la grazia. Proverbiali le sue parole, che per lui erano coerenti scelte di vita: *"Per rimanere liberi bisogna, a un bel momento, prendere senza esitare la via della prigione"*; *"Libertà è dovunque vive un uomo che si sente libero"*.

'martiri della libertà', da imitare, in realtà anch'essi – così come vengono presentati – concorrono a sviare dalla verità e allontanare l'uomo dal suo vero fine. Un 'martire della libertà', rischia di non conseguire la salvezza, cioè la sua realizzazione nella vita eterna. Questa è l'unica cosa che alla fine conta, se non la conseguiamo, è una sciagura immane ed infinita.

1.4 – Il fine dello Stato è il buongoverno (non altro!)

Anche qui non dobbiamo confondere i mezzi con il fine. Ogni forma di organizzazione politica, ogni tipo di istituzione pubblica, ogni ordinamento statuale, tutto deve concorrere ad **un unico fine: il buongoverno, cioè la realizzazione del miglior governo possibile**. Tutto il resto della politica è ideologia, lotta di fazioni, ambizioni personali, interessi di parte e via di seguito, di male in peggio. Tutta colpa di chi contrasta il Bene, ed è riuscito a seminare nel mondo i suoi frutti avvelenati: la menzogna, l'odio, l'ambizione, la divisione, e chi più ne ha più ne metta. Poiché una parte dell'umanità (a prima vista sembrerebbe la maggior parte) ha scelto di stare con Lucifero, il bene viene combattuto, e molto spesso sconfitto. Che fare? Lasciare tutto il campo libero a Lucifero e ai suoi, in attesa che, alla fine del mondo, finalmente il bene trionfi? Non può essere questa la soluzione.

Se l'umanità fosse rimasta integra, nella perfezione di natura e nello stato di grazia come l'aveva creata Dio, e quindi non fosse caduta nel peccato originale, non sarebbe affatto difficile conseguire il buongoverno sulla terra, e nella più perfetta concordia di tutti. E invece la storia dell'umanità è fatta di divisioni, guerre, lotte per chi deve dominare e chi deve essere sottomesso… Una storia orrenda! Per trovare il capro espiatorio, si va alla ricerca del colpevole, ma non è facile (mio nonno diceva che la colpa è una bella donna, ma nessuno la vuole). La colpa è sempre dell'altro; per chi è di Destra, è colpa della Sinistra; e viceversa. Invece la colpa è di tutti – di Destra o di Sinistra – perché non si capisce che il problema non è di cambiare il governo, ma di cambiare l'uomo; ciascuno deve cambiare se stesso, e allora finalmente tutto cambia, e il miracolo è compiuto.

Per questo Cristo si è incarnato e immolato: per **salvare l'uomo, l'uomo di buona volontà**, che vuole essere salvato, cioè cambiato, non per salvare il governo o per cambiarlo con un altro "migliore". Uno, per cambiare il mondo, è disposto ad uccidere "i nemici", ma mai il suo "uomo vecchio" (cfr 2Cor 5, 17). Il problema di cambiare se stesso, chi se lo pone? Quanto mi dà fastidio **il "cambiamento per il cambiamento"**. Questo è proprio il punto debole della Sinistra (senza testa), che è fanatica nel desiderare il cambiamento continuo, di tutto, a prescindere. Aveva ragione Tomasi di Lampedusa: *"Che tutto cambi, perché nulla cambi"*. Per chi si accontenta delle apparenze, va bene così. Il cambiare per il cambiare non porta niente di buono, perché, se non c'è una gerarchia di valori, una chiara direzione e azione che orienti al bene, le cose non cambiano da sole per il meglio. Lo si vede chiaramente nei lunghi periodi di tempo, nell'arco di decenni, dove hanno portato tanti piccoli cambiamenti, apparentemente scollegati l'uno dall'altro. Se poi qualcuno, sedicente "salvatore della patria", di tanto in tanto si mobilita per cambiare il mondo, lo fa in apparenza, solo con i proclami elettorali, a parole. La democrazia funziona così, a proclami. Se però vuoi inchiodare i parolai alla coerenza con le loro dichiarazioni di principio, rischi di passare per autoritario o nemico della libertà di pensiero e di parola. Anche se pochi ne sono consapevoli, l'unico motivo per cui uomini e donne delegano (*ad extra*), allo Stato, una parte della loro libertà personale, è perché realizzi il buongoverno nell'ordine naturale, e che questo non ostacoli, anzi favorisca la riuscita nell'ordine soprannaturale.

Lo Stato non può fare di se stesso una realtà contrapposta all'ordine e alla giustizia stabiliti nella Creazione. Questo è proprio un osso duro per lo Stato. Non sto parlando solo degli Stati cosiddetti totalitari, cioè dichiaratamente dittatoriali. Sto invece pensando agli Stati più subdolamente totalitari (cioè quelli cosiddetti "democratici"), che pretenderebbero di essere antitotalitari, e invece sono i più pericolosi e perniciosi Stati totalitari, molto più difficili da debellare delle dittature dichiarate. Tutto naturalmente parte dalla falsità delle intenzioni, dichiarazioni e programmi, fatti apposta per ingannare e schiavizzare i popoli ignari.

In Dio la sovranità è assoluta e illimitata ma, nelle sue decisioni imperscrutabili, **la sovranità che Dio delega ad un essere umano non è né assoluta né illimitata**. Tuttavia chiamiamo 'sovranità' anche l'autorità legittima di comando che il sovrano terreno riceve da Dio, e dura finché dura la sua fedeltà a Dio. Dio è fedele per l'eternità; è l'uomo che spesso è infedele[21].

Dio conosce bene la fragilità umana, e perdona, quando l'essere umano si pente sinceramente e s'impegna a cambiare vita. La storia di Davide, re e profeta, è molto eloquente: Dio lo scelse fra i figli di Isai (Jesse), il betlemmita, perché, a differenza dei fratelli, aveva "un cuore secondo Dio". Eppure lo stesso Davide, addirittura figura di Cristo ('Figlio di Davide' era il titolo messianico per eccellenza) cadde in un gravissimo peccato personale. E proprio il peccato di Davide rese il suo trono instabile. Tuttavia, ordinariamente, Dio non toglie il trono per i peccati personali del re, ma certamente lo fa per chi, regnando, non fa la volontà di Dio (come Saul), e per il peccato pubblico di apostasia e idolatria. Questa sorte fu conseguenza dell'infedeltà di Salomone, che pure era stato scelto e prediletto da Dio.

Possiamo anche chiamare **"sovranità"** quella, parziale e temporanea, delegata da Dio. Meglio chiamare **'potestà'** l'autorità che a sua volta il funzionario riceve dal sovrano terreno, purché legittimo.

Sinora abbiamo parlato del potere, di come possa essere esercitato anche da chi non ne ha alcun diritto.

Qui si chiude questa premessa necessaria per rimanere nel tema che trattiamo e per fondare le argomentazioni successive. Al capitolo terzo tratteremo delle condizioni istituzionali necessarie perché si possa realizzare il buongoverno e vedremo anche le condizioni negative che rendono impossibile la sua realizzazione.

---

21) Se pensiamo a Casa Savoia, la dinastia ebbe inizio più di mille anni fa. Fino al 1848 si tenne fedele a Dio, e in tante occasioni fu benedetta per la sua fedeltà. Diverse volte la sovranità fu restaurata, dopo che il Regno era stato perduto. Si pensi a Filiberto di Savoia (1528-1580) e a Vittorio Emanuele I (1759-1824). Solo nei suoi ultimi cent'anni di Regno Casa Savoia-Carignano ha rinunciato spontaneamente all'elezione diretta di Dio.

2.
Il concetto di 'democrazia'

"Non dobbiamo dare troppa importanza
alle nostre opinioni.
Ma neanche a quelle altrui".
Montaigne

Come gesto di buona disposizione d'animo, ho scelto questa citazione di Michel de Montaigne (1533-1592), perché con questo capitolo entro nel vivo di un probabile scontro frontale con il pensiero dominante. Scontro che io non cerco volutamente, ma che può diventare inevitabile.

Il fatto che io non dia troppa importanza alle mie idee l'ho dimostrato mutando il mio modo di vedere, su diversi argomenti, nel corso del tempo. Se uno va a leggere il mio libro *"Cara Italia"* (1996) può constatare un'evoluzione molto significativa su argomenti importanti che tratto anche in questi miei ultimi libri. Credo veramente che, con il passare degli anni, con nuove e significative esperienze di vita, con nuove letture e nuovi incontri, e con qualche speciale illuminazione sia non solo possibile ma doveroso mutare il nostro modo di pensare, per poter essere sempre più vicini alla verità. Questa è la stella polare che deve guidarci tutti nel nostro cammino terreno, la luce del cielo che non ci fa disperare durante le burrasche e gli scoraggiamenti della vita. La ricerca della verità è la discriminante che umanizza il nostro cammino, una luce che cresce man mano che ci si avvicina, e deve essere il nostro punto di arrivo. Avvicinandoci tutti alla verità, ci avviciniamo fra noi e possiamo affratellarci meglio.

Mi auguro che anche chi non è d'accordo con me non lo faccia per partito preso e per una rigidità ideologica preconcetta e prevenuta. Non ne vale la pena; la vita è così breve e la meta così bella, che non dobbiamo perdere tempo in polemiche infruttuose. Se qualcuno mi può aiutare a vedere più nitidamente la verità, non posso che ringraziarlo dal profondo del mio cuore. D'altra parte la diversità di vedute dovrebbe essere bene accolta da tutti, come una condizione necessaria, se si vuole dialogare ed arricchire il pensiero di ciascuno.

2.1 – Repubblica e democrazia

Prima di entrare nel vivo di questo capitolo, qualche considerazione preliminare di carattere generale. Noi italiani siamo talmente abituati a considerare la repubblica e la democrazia come due termini naturalmente congiunti[22], che facciamo fatica a considerali separatamente. 'Repubblica' è il sostantivo e 'democratica' è l'aggettivo che qualifica e specifica di quale tipo di repubblica si tratta. La repubblica non è certamente al primo posto per quanto riguarda la qualità delle istituzioni statuali possibili. Volendo stilare una graduatoria circa la formula istituzionale più adatta a realizzare il buongoverno di uno Stato, l'ordine non può che essere il seguente:

1) Sovranità di elezione divina, unica forma possibile di sovranità;

2) Sovranità impropria detta 'costituzionale' (sovranità nella forma, ma non nella sostanza);

3) Seguono tre forme di potere autocratico di fatto, per la gestione del potere per il potere:

a) Dittatura;

b) Repubblica aristocratica;

c) Repubblica democratica.

La Sovranità di elezione divina non solo è propriamente l'unica forma effettiva e autentica di sovranità ma è anche quella che meglio rende possibile il buongoverno di uno Stato.

La sovranità costituzionale è impropriamente chiamata 'sovranità' perché di questa ha solo la forma esteriore ma non la sostanza, in quanto è riconducibile a una forma di democrazia camuffata da sovranità.

---

22) L'articolo 1 della Costituzione italiana dice infatti che *"l'Italia è una Repubblica democratica..."*

Anche questa, come le altre forme istituzionali che vedremo, è autocratica, perché il "sovrano", per sua scelta, lascia l'investitura divina per sottostare a quella umana. Con questo passo, il sovrano non è più propriamente tale, sottomettendosi – per sua scelta – al potere degli uomini, i quali possono solo togliergli la sovranità, ma non possono ridargliela. Anche l'ex-sovrano (chiamiamolo così) si fa consapevolmente strumento del potere per il potere, che oltretutto è nelle mani di altri, in mani sbagliate. Quindi non più Sovrano di elezione divina, bensì vestigio esautorato di sovrano, asservito ad altri per captazione umana. **La dittatura** normalmente assume l'apparenza di una repubblica, ma *sui generis* (si veda il caso della Repubblica Sociale Italiana di Mussolini, 1943-1945). Il dittatore tuttavia non ama essere chiamato 'presidente', ma per lui si escogitano appellativi accattivanti, che nelle intenzioni dei fautori e sostenitori rendono più popolare e più accettabile psicologicamente il suo pugno di ferro. Mussolini si faceva chiamare "duce"; Hitler, *"führer"*; Stalin, "il piccolo padre"; Francisco Franco, *"caudillo"*; Fidel Castro, *'Líder Máximo'*; ecc.. È strano, ma le dittature tendono a camuffarsi in "democrazie" *sui generis*, una specie di democrazie dirette, cioè in un rapporto diretto del capo con le folle. Tali sono o erano le democrazie popolari, le democrazie socialiste, la democrazia federativa (Jugoslavia); tutte forme di "democrazia", ma senza opposizione. Raramente il dittatore ambisce ad autoproclamarsi "re" (forma istituzionale che camufferebbe la sua dittatura e la renderebbe ereditaria); ciò avviene in qualche Paese africano, asiatico o d'Oceania. Dal punto di vista del buongoverno, siamo messi molto male, perché il dittatore si sente totalmente autonomo da qualsiasi codice etico (vedi leggi speciali[23]), libero da ogni condizionamento, e il popolo soggetto non ha alcuna forma reale di difesa dagli abusi di ogni genere che può subire.

---

23) Molti democratici provano un'istintiva repulsione quando sentono parlare di "leggi speciali" (che riguardano altri). Il realtà **la cosiddetta "democrazia" vive di leggi speciali**, perché tali sono tutte le leggi che non sono conformi al diritto naturale. Cioè veri e propri abusi "creativi" del potere per il potere, svincolati da qualsiasi principio etico che fondi il diritto.)

Le Repubbliche. Tutte le repubbliche (aristocratiche o democratiche) sono divisive, perché si reggono su una fazione che domina perché è prevalsa temporaneamente sulle altre. Non si basa dunque su una comunità di valori fondanti e condivisi. La repubblica, specie se democratica, ha bisogno strutturalmente della divisione fra maggioranza e opposizione, perché questo permette la dialettica fra le parti, anche in vista di una possibile alternanza di governo. Ma intanto crea divisioni e contrapposizioni continue, per partito preso, anche dove in verità ci dovrebbe essere il consenso e l'unanimità. L'opposizione può persino arrivare a mettere in difficoltà il governo nella sua azione, anche quando opera per il bene oggettivo del Paese, o creare difficoltà a livello internazionale pur di mettere in cattiva luce il governo. Dunque la repubblica non si basa su valori collettivi fondanti universalmente condivisi, ma sull'affermazione ed eventualmente sull'alternanza (più formale che sostanziale) delle ideologie e degli interessi economici di parte.

Un'ideologia non è la realtà, ma è sempre un'interpretazione, un'opinione sulla realtà. Poiché la minoranza vuole scalzare la maggioranza dal potere, non guarda ai mezzi che usa pur di riuscire nel suo intento. Va da sé che i princìpi etici siano accantonati perché visti come impedimenti per la conquista del potere. Più ancora del trionfo della propria ideologia, il potere offre grandi opportunità e vantaggi personali. E questo alla lunga conta più di tutto. Il resto è fumo negli occhi per gli ingenui e creduloni. Questo dovrebbe servire a demitizzare il valore intrinseco delle ideologie, che vengono tanto spesso sbandierate davanti agli sprovveduti.

Fuori della verità, tutto è opinabile. Lo scannarsi per le ideologie è veramente la cosa più insensata di questo mondo.

Il fatto che periodicamente sia possibile cambiare la maggioranza di governo (normalmente con elezioni), rende una repubblica instabile in modo endemico, e anche il sentimento di appartenenza nazionale è molto più debole e fragile, e pertanto lo diventa anche la solidarietà sociale. Le Repubbliche nascono per ragioni umane, discutibilmente dette "politiche", in ogni caso non per specifica investitura divina. Nella Bibbia, **Dio sceglie sempre una persona come suo interlocutore e**

rappresentante; mai un ente collettivo. Non a caso l'origine delle repubbliche si situa in epoca pagana. Quindi, per quanto riguarda le repubbliche, non c'è un rapporto diretto con la sovranità di Dio, nel senso di una diretta investitura divina dall'alto.

La repubblica aristocratica è un po' meglio della repubblica democratica, perché almeno tiene conto in qualche modo delle qualità personali. Nella Repubblica romana il potere reale era nelle mani di limitate famiglie nobili, cui spettava di diritto l'appartenenza al Senato. Per questa ragione possiamo dire che era sostanzialmente un tipo di repubblica aristocratica.

Cicerone (106 a.C.-43 a.C.) riteneva che le istituzioni repubblicane romane fossero esenti da aspetti degenerativi, in quanto costituivano la commistione delle tre forme di governo teorizzate da Aristotele (384 a.C.-322 a.C.): monarchia (il Consolato), aristocrazia (il Senato), democrazia (il Tribunato del popolo). Queste tre magistrature supreme creavano – secondo lui – una specie di equilibrio fra i poteri dello Stato. In realtà la repubblica aristocratica, dominata dalla fazione privilegiata, era soggetta allo scontro sociale e politico continuo. La Repubblica romana finì dopo più di un secolo di guerre civili (133 a.C.-31 a.C.). Chiarissima dimostrazione della crisi irreversibile della formula istituzionale che reggeva la Repubblica romana: finì nel sangue, come d'altra parte la stessa vita di Cicerone.

Altri esempi storici di repubbliche aristocratiche furono le repubbliche marinare. La Repubblica di Venezia e la Repubblica di Genova avevano come capi rispettivi i 'doge', alcuni dei quali eletti a vita.

Si trattava di repubbliche aristocratiche che difendevano la propria autonomia e i propri interessi nei confronti delle potenze feudali dell'entroterra, e dal Sacro Romano Impero e dall'Impero bizantino.

La repubblica democratica. Già secondo Aristotele, **la democrazia è la forma degenerata della politica** (*Politica*, libro III). Non solo, è anche la forma più lontana dall'autorità autenticamente sovrana ed è per sua natura totalmente impossibilitata a realizzare il buongoverno di un Paese (come vedremo).

2.2 – Le verità che fanno male

Non è facile definire il concetto di 'democrazia', proprio perché siamo in "democrazia", e ciascuno può intenderla come vuole, a suo gusto e piacimento. In democrazia nessuno può arrogarsi il diritto di essere il maestro degli altri, perché uno dei pilastri su cui si regge il concetto di democrazia è l'assoluta eguaglianza (dogmatica e giacobina, ma non assolutamente reale) dei cittadini.

Ma partiamo dalla sua etimologia, così almeno possiamo iniziare con qualcosa di oggettivo e condiviso. 'Democrazia', dal greco antico: δῆμος, démos, 'popolo' e κράτος, krátos, 'potere'; etimologicamente significa dunque 'governo del popolo'. Questa definizione ipotizza astrattamente una situazione "ideale" come possibile, pur non dicendo nulla sul concetto di 'sovranità'. Si limita ad affermare una qualche forma di potere reale del popolo (tutta da definire e verificare nella sostanza e nelle modalità).

Per approfondire di più l'argomento, io mi avventuro a cercare la verità (e solo questa) dove essa non è amata, e dove invece qualsiasi opinione è tenuta nella massima considerazione. Compito ingrato e pericoloso – veramente controcorrente – che mi impegno a perseguire con la massima oggettività. La definizione di 'democrazia' che tenterò di dare sarà molto ampia (onnicomprensiva e senza compiere discriminazioni, come piace ai democratici); pertanto comprenderà di tutto e di più, comprese delle verità che fanno male...

Come ai tempi della costruzione della Torre di Babele, anche nel definire la natura e le regole della democrazia gli uomini vogliono fare da soli. Ecco i sentimenti e gli intenti che li animano: In questa nostra grande impresa di libertà e giustizia, Dio (ammesso che esista) qui non deve contare proprio nulla, deve stare fuori della porta. Se Dio non c'entra, possiamo fare tutto da soli. D'altra parte abbiamo preso il potere e ci siamo dati l'autorità da soli, dunque non abbiamo bisogno di nessun altro.

Cari padri fondatori (o, meglio, cospiratori), con queste premesse, **la democrazia è un''autocrazia'. Per forza!** È inevitabile che sia così, perché, se non cercate o non volete la sovranità, che solo Dio può dare, non resta che **il potere per il potere, come fondamento dell'autorità di fatto**. Essendo la democrazia autocratica, non si sente tenuta a fornire prove o dare spiegazioni della sua legittimità. Qui incomincia la sua pericolosità.

Dire che *"la sovranità appartiene al popolo"* è un'altra affermazione autocratica, del tutto inconsistente, conseguenza della prima affermazione, la quale non è (e non può essere) fondata su un'argomentazione razionale e scientifica, né tantomeno teologica; è campata in aria, perché è pura fantasia creativa. È un "ideale" astratto, tuttavia attraente e avvincente, creduto per "fede", predicato e ripetuto in tutte le occasioni, così che alla fine è diventato per molti un assioma, cioè una "verità" evidente, che non necessita di dimostrazione. Se un giorno Tizio (o, se preferite, chiamatelo pure il Masaniello di turno) si sveglia e, con Caio e Sempronio, decide di "liberare" il popolo dal "tiranno" – causa dell'ignoranza, del servaggio, e quindi di tutti i mali possibili e immaginabili del popolo – i "liberatori" creano tutte le premesse per l'instaurazione di un regime "democratico". Pur di conseguire questo "nobile" ideale, non guardano per il sottile. Tutte le rivoluzioni, in nome della "democrazia", sono state degli spaventosi bagni di sangue. Ma, alla fine, la "democrazia" è arrivata? No. È arrivata una sedicente "democrazia", a parole, ma in realtà è **una dittatura mascherata, non teocratica ma autocratica**. Se non credete a me, credete almeno a uno che dovrebbe essere più consono ai vostri gusti, **Jacques Attali** (un'autorità per i laicisti, mondialisti, europeisti UE, eccetera, di bene in meglio, si fa per dire), il quale da tempo parla apertamente di **"democrature"**, (democrazie/dittature), democrazie di nome, dittature di fatto. Non la "dittatura" del sovrano (che tale era percepita dai liberatori), ma del capopopolo di turno o, in teoria, di un'intera classe: il proletariato. Il realtà, anche in questo caso, il potere non è del proletariato ma del capopopolo, che di fatto detiene tutto il potere (e i soldi; vi ricordate di Fidel Castro?), in quanto è il vertice dispotico di tutto e di tutti. È cambiato qualcosa rispetto a prima della rivoluzione? Formalmente sì, perché, come diceva Carlos Alberto Siri, la classe dominante di prima è ora la classe subalterna, e viceversa. Si è ricreato l'ordine gerarchico, ma rovesciato. È stata instaurata la democrazia? No. Sono cambiate le parole con cui si chiamano le cose, non la sostanza. Oggi si chiama "democrazia" ciò che una volta era chiamato potere assoluto e dispotico, perciò la denominazione adesso appare più accattivante e i modi più suadenti, ma la sostanza non è cambiata. Si dice che la Storia è maestra di vita, ma i popoli fanno molta fatica ad imparare, perché ogni volta ci cascano; ogni volta credono che sia la volta buona per instaurare finalmente la libertà e la giustizia, non come le altre volte, e invece… (vi ricordate di Renzo Tramaglino ne *"I Promessi Sposi"*? **Il potere senza sovranità è puro arbitrio e sopraffazione**, questa è la verità. Ma i democratici non sono molto esigenti in fatto di verità; la loro bandiera, come abbiamo visto, è l'opinione.

Un'impalcatura concettuale di questo genere, senza veri fondamenti, per reggersi sente il bisogno di due sostegni dottrinali, diciamo due "dogmi", che appaiono forti, benché lo siano solo in apparenza.

1) **Dio non esiste** (ateismo) o, per lo meno, non poniamoci il problema; facciamo tutto come se Dio non ci fosse (laicismo), perché la sua presenza sarebbe molto ingombrante e assolutamente controproducente per noi. L'arte di governare e l'esperienza storica suggeriscono però di non farlo alla maniera "sovietica", che proclamava nella Costituzione l'ateismo di Stato, ma di farlo in maniera *soft*, più suadente e quindi più efficace, senza dare troppo nell'occhio. Il risultato finale vuole essere comunque lo stesso, ma con modalità meno urtanti. Per questo fine, **che cosa di meglio del laicismo per condurre all'ateismo?** Il laicismo è l'autostrada e l'ateismo è il casello di arrivo.[24]

2) **L'uomo non è un essere spirituale**. Questo punto dipende dal precedente primo preteso dogma, nel senso che ne diventa una conseguenza ovvia. Va da sé che, se l'uomo è spirituale, cioè se è conscio

---

24) Ho approfondito l'argomento su *Laicismo e ateismo*, nel mio libro *"Buoni e cattivi maestri"* (2024), pp. 23-25.

di avere un'anima immortale, non può accontentarsi di barattarla con cianfrusaglie terrene, fosse anche il preteso "paradiso in terra" che il demonio e i suoi stretti collaboratori gli vorrebbero contrabbandare al posto della sua piena realizzazione eterna. Ecco il perché di tutto il martellante indottrinamento ideologico dell'**evoluzionismo.** È fatto per spingere l'uomo comune ad accontentarsi, a carpire l'attimo fuggente, il saggio *carpe diem* degli antichi. Se l'uomo è il prodotto di un'evoluzione cieca e casuale del mondo animale, se dunque è solo un animale più evoluto degli altri, gli va fin troppo bene se ottiene il "paradiso in terra". Se invece, come essere spirituale, vive della grazia di Dio, diventa incontentabile. L'uomo è incontentabile perché è fatto per l'Assoluto, l'Infinito, l'Eterno. Purtroppo, per gli evoluzionisti, la natura umana non è come vorrebbero che fosse. L'uomo, anche in mezzo a tutti gli averi di questo mondo, non è contento. Non poche persone, che hanno "tutto" (salute, giovinezza, bellezza, ricchezza, successo, ecc.) si tolgono la vita perché sentono un incolmabile vuoto esistenziale, e sono tremendamente infelici. Perché tutto questo? Perché, come osservava santa Caterina da Siena, l'uomo è di più delle cose materiali che dovrebbero soddisfarlo; o, come dice sant'Agostino, *"Ci hai fatti per te, o Signore, e il nostro cuore è inquieto finché non riposa in te."* (*Le Confessioni*, I, 1, 3).

Incominciamo ad avviare il discorso verso la sua sintesi, sulle "verità che fanno male".
PRIMA VERITÀ SCOMODA: tutte le democrazie sono autocratiche. Come abbiamo visto, i democratici non vogliono, e comunque non possono, ricevere la sovranità dall'unico Essere che la detiene e può concederla: Dio. Possono solo impossessarsi del potere per il potere (fine a se stesso), il fine che giustifica i mezzi più orrendi che adottano: la forza, l'inganno, il tradimento. Come si chiamano, in italiano, gli "eroi" che si comportano in questo modo?
Oggi si sente dire dai *mass media* (sempre di parte, sempre dalla stessa parte): Putin non è democratico, ma è un autocrate. Sarebbe una cosa molto buona se, quando i sedicenti bravi *leader* democratici fan-

no questi discorsi, si guardassero allo specchio. Si accorgerebbero di essere essi stessi – amara verità – degli autocrati. Se Putin è un autocrate, anche loro lo sono, e allo stesso titolo. **La democrazia infatti è <u>sempre</u> un'autocrazia,** e non può essere altro.

SECONDA VERITÀ SCOMODA. In democrazia, 'uno vale uno'. Non so se questo *slogan* l'abbia coniato Beppe Grillo; certamente l'ho sentito ripetere da lui, in pubblico, più volte. Dal punto di vista della Creazione, cioè della specificità secondo natura di ogni essere umano, questa è una pura bestialità. Ogni essere umano è unico e irripetibile, fin dalla nascita; durante la vita poi si differenzia sempre più e accresce la sua unicità. La varietà è il fondamento della bellezza della natura e dell'umanità. Ma **in democrazia è proprio così: uno vale uno**, perché un voto è uguale a un altro voto, indipendentemente da chi vota. Dunque il voto di un Einstein vale come quello di un analfabeta, di un mafioso o di un drogato. Siamo veramente tutti uguali e quindi perfettamente intercambiabili? In natura, evidentemente no, in "democrazia", sì. Qualcosa non torna. E questa è la vera "bestialità" della democrazia: negare il valore specifico della persona umana, di ogni singola persona umana. Il nostro Creatore ha doti infinite anche di fantasia. In ciò consiste la bellezza dell'universo, macro e micro cosmo! Tutta la diversità concorre all'armonia, alla ricchezza e perfezione del tutto.

Dunque, quando la visione politica è dominata e inquinata da princìpi giacobini, le diversità dovute alle qualità personali non contano niente, e vengono ignorate. Se siamo tutti uguali, **ciò che vale è il numero dei voti, non altro.** Eppure in democrazia quante battaglie si fanno per i "diversi". A ben vedere, questa è una contraddizione in termini: siamo tutti uguali, o no? Evidentemente c'è verità e verità, battaglia e battaglia. Le battaglie ideologiche per i "diversi" sono battaglie che servono a far saltare il concetto di 'normalità', non di eguaglianza. Se non contano le qualità, non contano neanche le anormalità. Tutto in democrazia è soggettivo, opinabile, ma non discutibile, perché anche la 'democrazia' ha i suoi assiomi, i suoi dogmi, i suoi miti e le sue regole, cogenti e intolleranti.

I democratici, quando fa loro comodo, fanno prevalere il principio della volontà della maggioranza; ma quando vogliono imporre un altro punto di vista, anche se di un'esigua minoranza, si appellano ai diritti delle minoranze riconosciuti e tutelati dalla Costituzione. Perciò tutto dipende dall'uso che se ne fa. I "democratici" comunque sanno uscirne sempre bene.

TERZA VERITÀ SCOMODA. In democrazia conta l'opinione, non la verità. Questa è una cosa ancora più grave: il dato oggettivo (la verità) non conta nulla; vale solo la visione ideologica soggettiva, che è assolutamente arbitraria, ma dogmatica. **Più della verità conta dunque l'impressione, l'opinione del momento, anche se domani può cambiare.**

Sono i voti che stabiliscono se qualcosa è giusto o sbagliato. **La verità per sua natura è oggettiva e immutabile**, ma in democrazia non conta nulla, se non coincide con i voti della maggioranza. **L'opinione invece ha caratteristiche opposte: è soggettiva ed è mutevole, eppure in democrazia questa fa la legge.** Basterebbe ciò per farci capire su quali basi si fonda il potere degli Stati democratici e in che mani siamo. È sensato affidare i poteri di uno Stato a chi – grazie a queste regole "flessibili" (e apertamente opinabili) – può fare il bello e il cattivo tempo, e legalmente, perché la Costituzione glielo permette? Non è difficile capire che, grazie alla democrazia, qualcuno dietro le quinte ha escogitato il modo migliore per impossessarsi dello Stato, e con il consenso di una "maggioranza" felice e contenta, perché pensa di essere protagonista[25].

Ma non è tutto qui. Siccome è l'opinione che conta, **l'importante è ave-**

---

25) Ho messo fra virgolette "maggioranza", perché anche questo è un dato non affidabile. Infatti una rilevazione di opinione su un argomento, il giorno dopo può cambiare tutto, data la mutevolezza delle situazioni e delle opinioni. Inoltre va considerato il fattore "manipolazione" dell'opinione pubblica operato dai *mass media*. L'importante è convincere, non la verità.

re il consenso, non importa come. Manipolare l'opinione pubblica con ogni mezzo può essere ritenuta una necessità, cioè un "valore" indispensabile – indipendentemente dal giudizio morale – per portare l'opinione pubblica sempre dalla parte di chi ha il potere, il quale, senza troppe difficoltà, impone sempre l'ideologia voluta. In questo modo s'instaura il regime democratico, e la stabilità delle "istituzioni" è garantita. Poiché la verità non conta, ma conta solo l'opinione, tutti mezzi possibili e immaginabili sono ammessi. Se non basta la potenza di fuoco dei *mass media* che contano, e specialmente della TV, che è sempre dalla parte di chi ha il vero potere reale (quello occulto), ci sono altri mezzi efficaci, che ormai sono diventati abbastanza comuni per far fuori politicamente qualche rivale scomodo e la parte avversa. Uno fra i più usati consiste nelle indagini mirate, a "orologeria", di qualche pubblico ministero e nell'**iscrizione nel registro degli indagati del "nemico"**[26]. Ma la **"macchina del fango"** ha anche tante altre risorse. **Scandali**, veri o presunti, anche "fabbricati" ad arte.[27]

È chiaro a tutti che, se la politica in "democrazia" si fa anche con questi mezzi, e ciò è un'ulteriore prova che evidenzia l'inconsistenza etica e politica su cui si regge. Che squallore. Può un Paese ridursi così?

Si può costruire un mondo migliore su queste basi? Sul trionfo dell'égalité rivoluzionaria e giacobina, basato non sulla realtà ma sull'ideologia, sull'opinione e sul sospetto, costruito anche ad arte? È di una gravità indicibile la negazione del dato oggettivo di natura a favore di un "fideismo" ateo, campato chissà dove. E oltretutto con l'intolleranza, praticata proprio da coloro che predicano la tolleranza!

---

26) Uno è dichiarato colpevole solo dopo la sentenza definitiva, confermata dall'esito di tutti i gradi di giudizio. Eppure è innegabile che basti l'avviso di garanzia per gettare un'ombra sulla credibilità e affidabilità di qualcuno, specie se impegnato in politica.
27) Recentemente (agosto/settembre 2024) ha fatto parlare molto di sé la vicenda Sangiuliano/Boccia, con relativo *gossip* (cioè 'pettegolezzo sulla vita privata'). Non so se tutti abbiano capito le ragioni del contendere. Io sono fra quelli che non si ferma ai fatti accertati, perché voglio capire i moventi che li hanno provocati. Il risultato voluto comunque c'è stato: le dimissioni irrevocabili del ministro della Cultura Gennaro Sangiuliano, dopo due anni di lavoro apprezzabile.

QUARTA VERITÀ SCOMODA: la democrazia di fatto seleziona, per i vertici dello Stato e delle istituzioni, i peggiori cittadini, non i migliori. La cosa è empiricamente verificabile a causa del gran numero di esempi che purtroppo ci dà la politica. Vediamo come tutto questo possa accadere.

I giovani sono normalmente idealisti, e spesso guardano la vita che hanno davanti come un'occasione unica e giustamente irripetibile per cambiare, in meglio, questo mondo. Alcuni di loro pensano alla politica come la migliore possibilità per poter cambiare le cose. Santa innocenza! Così si avvicinano al partito o movimento politico che sentono più vicino ai propri ideali, ed entrano nella sezione giovanile... Se non si scandalizzano subito e fuggono, vedendo dall'interno cos'è la "politica", e perseverano, normalmente può arrivare loro qualche incarico, come riconoscimento del loro affiatamento. Se tutto va bene, cominciano ad arrivare le prime cariche nella sezione. Ben presto però si accorgono, per esperienza diretta, che il peccato originale non è un'invenzione dei preti, ma una realtà riconoscibile nelle pulsioni contraddittorie che sentono dentro di sé; pulsioni che constatano anche negli altri. Si accorgono che, accanto agli ideali, con il crescere dell'età si fanno strada anche altri sentimenti meno nobili e disinteressati: un po' di ambizione personale, il desiderio di fare bella figura, di godere di un certo prestigio, di avere incarichi, anche pubblici, ai quali sono riconosciute entrate economiche, oltre a rimborsi spese, e altre varie e interessanti opportunità di entrate economiche. Ormai la strada è intrapresa. Per fare sul serio carriera, bisogna schierarsi oculatamente, destreggiandosi nelle fazioni interne. Qualche compromesso diventa inevitabile; si accorgono che non sempre conviene dire la verità e che bisogna muoversi con prudenza, che qualche favore un po' speciale bisogna pur farlo, altrimenti... Così, inavvertitamente, un giorno ciascuno di questi si accorge di essere diventato un "politico", e anche non del tutto sprovveduto. Più vuoi salire in alto e più i compromessi li devi fare... Qualche brutto giorno ti accorgi di poter essere ricattabile, e che forse tu stesso puoi a tua volta ricattare qualcuno. Ecco, sei arrivato. Persi tutti i tuoi ideali per strada, sei pronto per "la grande missione" (o, meglio, "sottomissione") di fare esattamente quello che vogliono i "poteri occulti", i quali nel tempo si erano accorti di te, ti avevano selezionato, e ti hanno condotto al punto supremo delle tue aspirazioni. Ora, in qualche modo, devi essere loro riconoscente…

Quanto aveva visto giusto Oscar Wilde (1854-1900), con il suo romanzo *Il ritratto di Dorian Gray*. Per analogia, quest'uomo politico, ormai maturo e "arrivato", se guarda le sue foto di quando era un giovane adolescente, ricco solo di ideali, si sente irriconoscibile rispetto ad allora. Confesso che io, in oltre settant'anni di politica democratica italiana (seguita assiduamente, sempre dall'esterno, sin dalla mia adolescenza), non ho ancora visto un politico di successo, che sia arrivato al potere "senza macchia e senza paura" (cioè che non sia in qualche modo compromesso e ricattabile), e ancora sia rimasto con la sua nobiltà d'animo integra, come un cavaliere medievale[28].

E allora? Come uscirne? Chi è arrivato a quel punto, difficilmente ha delle valide vie d'uscita. È il sistema che va cambiato, perché **la corruzione non deve essere il passaggio obbligato per tutti**, a partire proprio dai giovani idealisti. Come ho cercato di esemplificare, e fra poco lo vedremo più approfonditamente, **la democrazia corrompe**. Le conseguenze del peccato originale ce le portiamo dentro per tutta la vita, ma cambiando il sistema istituzionale (vedremo nel capitolo 4 le mie proposte per una correzione alternativa del sistema), è possibile fare un grande salto di qualità (a certe condizioni), anche in questo campo, evitando il peggio, che oggi sembra inevitabile. Infatti, se non si cambia il sistema istituzionale, come si può uscirne?

Prima di cambiare argomento, qualche altra considerazione finale.
Negli USA vivono 340 milioni di abitanti. Non c'era nessuno di meglio di Kamala Harris e Donald Trump "pronti" per diventare presidenti degli Stati Uniti? Costoro hanno percorso tutto il loro *cursus ho-*

---

28) Nel mio libro *Traditori della Fede e della Patria* (2024) ho presentato alcuni fra i più noti personaggi della nostra storia nazionale degli ultimi due secoli, che possono essere identificati, a grandi linee, nella descrizione immaginaria che ho fatto.

norum nella democrazia americana, la "migliore" del mondo, e sono stati selezionati dal sistema per arrivare dove sono arrivati. Non ci vuole un grande scienziato per capire che, in democrazia, c'è qualcosa che non va, qualcosa di molto preoccupante che non va.

Non solo. **La democrazia non è riformabile**. Questa è un'altra amara verità che diversi *leader* italiani, anche recentemente (Berlusconi, Renzi, Grillo/Conte, Giorgia Meloni), hanno dovuto constatare, a loro (e nostro) danno. Costoro sono entrati in politica con le dichiarate migliori intenzioni, volevano cambiare il sistema, ma – alla fine – è stato **il sistema che ha cambiato loro**. Purtroppo è sempre così. Nel sistema c'è proprio qualcosa di molto sbagliato che non va, ma sa imporsi. La repubblica democratica è il livello qualitativo più basso sul piano istituzionale, il sistema politico più degenerato, corrotto e corruttore, e non riformabile. Infatti, nel tempo, e con continui "aggiustamenti", inevitabilmente ci si allontana sempre più dalla purezza dell'ideale originario. È praticamente impossibile risalire nella scala di qualità delle istituzioni. Se veramente si vuole cambiare il sistema, bisogna voltare pagina, e ripartire dall'alto della qualità istituzionale: dalla Sovranità benedetta da Dio.

Poiché **Dio non giudica le istituzioni, ma ogni singola persona**, per quanto concerne la sua responsabilità personale, tieniti le mani pulite per salvati l'anima. Non ascoltare le sirene che ti vogliono incoraggiare ad entrare nel sistema, con l'illusione di cambiarlo dal didentro, in realtà per perpetuarlo. È come un *croupier* che ti incoraggia a giocare a una *roulette* truccata. Non collaborare mai al male, anche quando ti si presenta come il "male minore" (non si accettano compromessi con il male!); pratica la non-violenza, l'obiezione di coscienza, la disobbedienza civile. La coscienza pulita e la vita eterna valgono di più di qualsiasi compromesso. Questa santa ribellione non è contro Dio, ma contro il suo (e nostro) Nemico, che è mimetizzato nel cosiddetto "sistema democratico", e ne tiene le fila.

Bisogna che le persone come te diventino tante; per creare un fronte comune che si contrapponga al "sistema"; spesso è vincente una minoranza indomita e determinata (il numero conta per chi non ha fede). Tu, intanto, non spegnere la luce che è in te, per voler essere offuscato come gli altri. Ancora non appare il *leader* giusto, come lo fu il Mahatma Gandhi, che prenda in mano la situazione e guidi alla vittoria. Intanto incominciamo noi la santa battaglia, ognuno di noi.

QUINTA VERITÀ SCOMODA: la democrazia corrompe i popoli. Non si limita a corrompere solo i giovani idealisti che entrano in politica pieni di buoni propositi, e che ben presto diventano arrampicatori del potere per il potere; la democrazia corrompe anche i popoli interi. In che senso? In diversi modi, come vedremo.

Ma bisogna innanzitutto accettare il dato di fatto che **la democrazia moderna è stata pensata e voluta dalla Massoneria**, la quale è stata anche l'artefice occulta delle tre principali rivoluzioni dell'umanità: quella Americana (1776), quella Francese (1789), e quella Russa (1917), per non parlare delle rivoluzioni "minori", tipo il "Sessantotto" e quella attuale: **la rivoluzione antropologica** (aborto come "diritto", distruzione della famiglia, *gender*, eutanasia, sostituzione etnica e linguistica, ecc.). Ogni azione avviene perché c'è qualcuno che la compie. La Massoneria è convintamente anticristiana, e specialmente anticattolica, in quanto propugna la "religione dell'umanità", una specie di super religione delle religioni, di fatto atea, perché vuole essere la **"religione dell'uomo", non quella di Dio**. La Massoneria è una setta che opera in gran segreto (e non è difficile intuire il perché); si svela ai propri membri un po' alla volta, passo dopo passo, attraverso i trentatré gradi occulti di iniziazione. Per la gente comune, come me, la Massoneria si manifesta solo attraverso il modo di pensare e di operare dei suoi aderenti, o di coloro che la "fiancheggiano", perché solo raramente si può essere certi della loro appartenenza. I "fratelli", come si chiamano i membri fra loro, operano a titolo personale e senza rivelare la loro appartenenza, ma segretamente tutti seguono le precise direttive della setta, in tutti i campi: politica, magistratura, forze armate, religione, pubblica amministrazione, insegnamento, sanità e quant'altro. Premesso tutto ciò, **la prima corruzione che la Massoneria opera nei popoli** è che, un po' alla volta, **riesce a portarli all'ateismo pratico.**

La via ben collaudata, per arrivare a questo, è **il laicismo di Stato**, il quale si presenta come principio etico accattivante e non schierato in materia di religione (per farsi accettare da tutti), quindi con "apprezzabili" caratteristiche democratiche ed egualitarie, ma conduce la gente, inconsapevolmente, ad una specie di **materialismo esistenziale, o ateismo pratico**, cioè a ragionare e vivere come se Dio non esistesse. Nella sostanza, per dirla con Napoleone (rivolto al generalissimo Suvorov, comandante dell'esercito russo): *"Prendetevi il cielo, e lasciate a me la terra"*[29]. Questo è consapevole e deliberato **Immanentismo puro**.

Nella nostra Repubblica democratica, tutto è laico, a cominciare dalla Costituzione stessa: il diritto di famiglia, la scuola, le istituzioni, fino ad allargarsi a tutta la società. Questa è la prima e fondamentale corruzione che viene operata, quasi inavvertitamente, per mezzo dei princìpi democratici.

Ma non basta. Per raggiungere la massima efficacia, c'è stata l'azione combinata dello Stato laicista con la Chiesa modernista (pure infiltrata dalla Massoneria) e avviata ad essere anch'essa "democratica"[30]..

Dunque, **Repubblica democratica e Chiesa "democratica"** (chissà

---

29) Questa frase è esattamente il contrario di quella che disse il piccolo Nivardo di Fontaines ai suoi fratelli, quando essi lasciarono il padre e il castello di famiglia per seguire san Berardo (1090-1153) nel monastero di Citeaux: *"Non è giusto che voi vi prendiate Il Cielo e lasciate a me la terra"*. Nivardo infatti sarebbe rimasto l'unico erede del castello e delle sue proprietà, in quanto ultimogenito. Ma quando ebbe l'età minima richiesta per seguire i fratelli (15 anni), anch'egli abbandonò il padre e il castello per raggiungere san Bernardo. **È giusto che uno nella vita faccia le sue scelte, in base ai suoi valori. Ma è altrettanto giusto, giustissimo, che ciascuno meriti nell'Aldilà la ricompensa che gli è dovuta: chi ha voluto il Cielo, il Cielo; chi la terra, la terra.**

30) Questa rivoluzione è in atto nella Chiesa a partire dal Concilio Vaticano II, e consiste nel sempre maggior ruolo che sta assumendo la visione sinodale della Chiesa, in contrapposizione alla costituzione gerarchica e monarchica impressale da Cristo; al crescente ruolo delle Conferenze episcopali nazionali; alla sempre maggior considerazione del "sacerdozio dei fedeli", che inevitabilmente ridimensiona il Sacerdozio consacrato; al *sensus fidelium*, che si sovrappone e tende ad annullare l'importanza del *sensus Fidei*; alla "libertà religiosa"; all'ecumenismo, e a tanti altri conseguenti "adattamenti" dottrinali.

perché mi fa venire in mente "Libera Chiesa in libero Stato"…): non c'è scampo! Miscela che disorienta e produce effetti altamente distruttivi. Combinazione efficacissima, di vera genialità diabolica, quella del Modernismo e della democrazia interna alla Chiesa, parallela e sinergica alla "democratizzazione" (e distruzione) dello Stato.

Per secoli la Chiesa Cattolica è sempre stata il baluardo a difesa dei costumi, la correttrice degli errori e maestra di verità (oltre che della Verità). Disarmata anche la Chiesa (*"Se il sale perde il sapore, con che cosa lo si potrà rendere salato?"*. Mt 5, 13), si rende impossibile la rigenerazione morale, spirituale, e quindi anche politica, dell'Italia. E gli effetti si vedono. Nella prima appendice di questo libro pubblico "Sfacelo della famiglia italiana", ripreso da un articolo di "La Repubblica" e riportato e commentato da "Corrispondenza Romana". A partire dalla famiglia, lo sfacelo si è allargato a tutta l'Italia: la scuola (dovuta anche alla emarginazione e crescente disimpegno della Chiesa in campo educativo, vedi chiusura delle scuole cattoliche), di conseguenza la gioventù, la moralità del Paese, la crescente fuga dalla vita (aborto, "sballi", droga, suicidi) e dai valori veri; in controtendenza solo i falsi miti, imposti dalla manipolazione globale, *in primis* quello *green*, della falsa ecologia. Eppure il diffuso volontariato è un segno di speranza, ma l'impressione è quella di un gregge senza pastore e della mancanza di veri maestri in quest'Italia e in questo mondo derelitti. L'Italia però ha una responsabilità maggiore degli altri Paesi, per la missione che Dio le ha affidato e per le tante grazie speciali ricevute nei secoli.

La seconda corruzione viene dai soldi, lo "sterco del diavolo", che diventa un mezzo efficacissimo per allargare la base del consenso democratico e coinvolgere ampie parti della popolazione nel sistema. Ciò avviene in tanti modi: rendendo elettive e retribuite tutte le cariche pubbliche, già a partire dai gettoni di presenza ai consiglieri comunali (fin dai più piccoli comuni, e sempre più corposi man mano che si sale d'importanza), a vere e proprie retribuzioni agli assessori e soprattutto ai sindaci. Naturalmente tutto è molto più consistente nei consigli provinciali, e regionali, per non parlare dei parlamentari, deputati e senatori. C'è gente che non ha fatto un giorno di lavoro nella vita, ma con le cariche elettive ha risolto egregiamente il problema di come sbarcarsela nella vita (pensione compresa). E sono in tanti. C'è persino chi si è fatto eleggere per essere liberato dalla detenzione preventiva ed evitare processi penali, o si è messo in politica per risanare i suoi bilanci aziendali. Per capire a quali abissali cambiamenti in peggio siamo arrivati, si pensi che l'art. 50 dello Statuto Albertino recitava: *"Le funzioni di Senatore e di Deputato non danno luogo ad alcuna retribuzione od indennità"*. Capite la portata del cambiamento?

Nell'*ancien régime* c'erano addirittura anche le *corvées* "[31]. Oggi ci sono perfino contributi pubblici "a pioggia": ad associazioni, eventi, feste patronali, ecc.. Per non parlare poi delle cosiddette "mance elettorali" (perché portano voti), cioè contributi personali che qualche governo, specialmente in prossimità di elezioni, elargisce a categorie speciali, ad esempio il *"bonus cultura"* di 500 euro per i giovani, il *bonus* Renzi, il *bonus di Natale* del governo Meloni, ecc..

Il sistema democratico si fa apprezzare perché paga, e spesso molto generosamente, per queste cose e anche per molte altre, e a qualsiasi titolo; ad esempio agli scrutatori dei seggi elettorali. È chiaro che fra il dover fare gratuitamente certe pesanti prestazioni ed essere molto ben pagati, c'è una bella differenza, e questo naturalmente porta consenso e allarga la base "democratica". Per lo Stato non c'è alcun problema ad essere generoso, tanto sono gli stessi cittadini che pagano, con le loro tasse. E se aumenta a dismisura il debito pubblico? Poco importa: quello è per definizione di tutti, non di chi lo causa.

Lo Stato democratico invece si comporta furbescamente e/o irresponsabilmente quando deve pagare i privati per i debiti che ha contratti[32].

---

31) Così erano chiamate le prestazioni personali gratuite, per lo più giornate di lavoro, dovute dai vassalli al signore nel diritto feudale; erano ancora in uso nel XVIII secolo, e talvolta anche nel XIX, ed erano basate sul principio che le popolazioni, le quali ricevevano direttamente i benefici di certe opere pubbliche (strade, acquedotti, fognature, ecc.) concorressero, con giornate di lavoro gratuito, alla loro realizzazione, gestione e manutenzione.

32) Lo Stato democratico ama avere nell'opinione pubblica un consenso immediato (specialmente in prossimità delle elezioni), concedendo benefici, talvolta molto di-

Lo Stato democratico – sempre a caccia di voti – si comporta come
l'amministratore infedele della nota parabola evangelica, che viene
lodato, non per la sua disonestà, ma perché è stato molto avveduto e
scaltro nel fare i suoi interessi (cfr Lc 16, 1-8).

Un altro tasto dolorosissimo è quello del **finanziamento pubblico dei
partiti**, che oggi avviene attraverso i rimborsi per le spese delle campagne elettorali. Non sono bastati i *referendum* abrogativi a cancellarlo.
Rispunta sempre dalle ceneri come l'araba fenice, il che fa capire quanto contano, in democrazia, la volontà popolare, le elezioni e persino i
referendum quando non giovano al sistema. Nonostante tutto questo, c'è
stato lo scandalo (mirato) di **"Mani Pulite"** (1992) sui finanziamenti
illeciti ai partiti. Eliminati i partiti incriminati (solo quelli che si volevano far sparire) i finanziamenti illeciti sono sopravvissuti alla grande
e prosperano tuttora più che mai. Quindi la situazione attuale è questa:
finanziamenti leciti (pubblici), più finanziamenti illeciti (per chi è avveduto e sa fare le cose "bene").

2.3 – La divisione come principio e metodo

Sono stati necessari parecchi secoli perché l'Italia arrivasse ad una forma
di unità nazionale (quella conseguita comunque non era e non è l'unica
possibile), per poi precipitare in un'insanabile divisione interna (non più
territoriale, ma politica). Ciò è avvenuto prima con la Monarchia costitu-

---

scutibili, a categorie che però "rendono", perché portano voti. Invece per i creditori
(aziende e privati) verso i quali accumula debiti rilevanti (in totale anche nell'ordine
di miliardi di euro), lo Stato si comporta in ben altro modo, e paga, se tutto va bene,
con tempi lunghissimi. Talvolta questi ritardi causano, nel frattempo, il fallimento
delle aziende creditrici. Anche questa è una realtà inconcepibile e vergognosa: lo
Stato, quando deve riscuotere, è inesorabile e senza pietà; quando invece deve pagare, si comporta da perfetto malvivente. Poiché il potere d'imperio ce l'ha lo Stato,
si sente al di sopra della legge, e il cittadino deve subire; non può nemmeno fare
– come prevede la legge stessa in questi casi – un'ingiunzione di pagamento verso
debitori inadempienti. Questo è un comportamento censurabile dello Stato democratico italiano, che tuttavia non fa scalpore, perché relegato fra le vertenze riservate fra
Stato e cittadini, e quindi, senza clamori, che possano incidere sui risultati elettorali.

zionale (Statuto Albertino) e poi, molto di più, con la Repubblica democratica. Il fatto è che **la democrazia è divisiva per sua stessa natura**, in tutte le forme che assume, e più è "democratica", più è divisiva.

1) – Prima divisione creata dalla democrazia: i partiti. Può sembrare, a prima vista, una buona cosa che ci siano i partiti politici, perché il pluralismo si presenta come sinonimo di libertà. Sembra, ma lo è? 'Partito' significa una parte del tutto. Il tutto è la Nazione e il popolo che la costituisce. Il partito è una parte, una divisione di questo tutto, che si costituisce in libera associazione di fatto[33] (senza alcuna investitura di sovranità, e senza alcuna registrazione giuridica pubblica), con la pretesa di voler diventare la maggioranza (sapendo di non poter rappresentare la totalità dei consensi), per conquistare il potere dello Stato, o almeno di influenzare il potere politico in atto, e perciò entra in collisione con le altre parti (partiti), che pure hanno la stessa ambizione e pretesa. Risultato: il Paese diventa un campo di battaglia. Addio concordia nazionale: **i "fratelli d'Italia" diventano "nemici" fra loro**, l'uno contro l'altro armati. Se un cittadino non si riconosce in nessuno di questi raggruppamenti politici, può essere partito a sé. L'unità spirituale, morale e civile della Nazione va in pezzi.
Purtroppo ogni partito non persegue la verità oggettiva e assoluta (proprio perché è "di parte"); la "sua" verità, è un'ideologia, che cerca d'imporre, e non sempre con modalità "democratiche"[34]. È chiaro che in questa situazione di divisione, non essendoci più la necessaria sinergia dei cittadini, ne soffre proprio il conseguimento del bene comune oggettivo (perché non c'è più e non può esserci "il bene" di tutti). Questa è la prima conseguenza in uno Stato in cui non c'è un'autorità

---

33) La Costituzione italiana si limita a dire: *"Tutti i cittadini hanno diritto di associarsi liberamente in partiti per concorrere con metodo democratico a determinare la politica nazionale"* (art. 49). La Repubblica democratica dunque incoraggia la costituzione dei partiti politici, e nello stesso tempo ne evita qualsiasi regolamentazione giuridica.
34) Nella storia repubblicana non sono mancati di certo scontri violenti tra fazioni, con attentati, uccisioni, e vere e proprie stragi

basata sulla sovranità, ma solo sul potere per il potere. **Senza sovranità, tutte le formule ideologiche hanno pari dignità** – o, meglio, indegnità – perché non hanno alcun titolo da far valere per prevalere, se non la forza numerica o la forza bruta (violenza). Ma anche chi detiene il potere è nella stessa condizione: non ha la sovranità in sé e non si fonda sulla verità, bensì sull'ideologia (temporaneamente vincente) e sul possesso temporaneo del potere. Essendo ogni parte contro le altre, **non ci sono vincitori né vinti**, perché in una situazione simile, tutti sono perdenti in quanto hanno perso il bene comune, che innanzitutto è la concordia nazionale.

Nell'Italia medievale, i liberi comuni (di fatto strutturati come repubbliche democratiche) erano agitati da continue lotte interne fra Guelfi e Ghibellini. Spesso, per prevalere sui propri concittadini, queste fazioni (partiti) si rivolgevano ad altre città dello stesso orientamento politico per essere aiutate a prevalere nella propria città. La lotta politica era aspra, al di là delle belle dichiarazioni contenute negli statuti. Nei Comuni c'erano spesso sedizioni armate, chi soccombeva nello scontro, di solito subiva la confisca dei suoi beni e veniva cacciato in esilio. Non di rado si arrivava alla condanna della pena di morte per chi avesse tentato di rientrare nella propria città. Questo fu il caso, fra gli altri, di Dante Alighieri. Ciò basti a farci capire che la tanto decantata "democrazia" era tutt'altro che un regime politico ideale, basato sulla tolleranza e tanto meno sulla "fratellanza". Ed eravamo in un'epoca, il Medioevo, in cui almeno tutti avevano la stessa religione, lo stesso credo, e quindi c'era una certa umanità anche fra nemici. Nei tempi moderni, si persi alla Rivoluzione francese, non c'era più nemmeno il collante della religione, dato il dilagante laicismo, e la tanto predicata *fraternité* non impedì (e tuttora non impedisce) sanguinosissime stragi fra le fazioni in lotta tra loro.

2) – Seconda contrapposizione operata dalla democrazia: maggioranza (di governo) e minoranza (di opposizione), con applicazioni ed effetti vari conseguenti.

Anche cercando di vedere le cose dal punto di vista dei presunti valori,

la democrazia perfetta (concepita dagli illuministi e attuata dai massoni) **potrebbe realizzarsi solo con un'umanità ideale** (che non esiste), fatta di virtuosi, di persone senza macchia, e quindi senza le conseguenze del peccato originale. Bella idealità, ma totalmente astratta, contraddetta dalla realtà dei fatti. Questo è il "peccato originale" di coloro che negano il peccato originale, cioè di chi "sogna" una concezione politica ideale e perfetta, che purtroppo non è riscontrabile nell'umanità, da Adamo in poi. Alludo non solo al necessario *fair play*, che è proprio dei gentiluomini, condizione minima per una convivenza fra concezioni e prassi diverse e divergenti. Meglio ancora, viene concepita dagli illuministi un'umanità incline al bene per natura, senza tare di sorta. Il fatto è che i democratici, da "bravi" laicisti ed illuminati che sono, non accettano in via di principio il peccato originale, e quindi le sue sgradite e inevitabili conseguenze. Costoro, anche se non accettano questa verità, fanno pur parte dell'umanità e, volenti o nolenti, ne devono portare lo stesso le conseguenze e i condizionamenti per tutta la vita. L'unico modo per tenerli a bada (impossibile debellarli) è un'opportuna e necessaria ascesi spirituale, paziente e continua, sostenuta dalla grazia divina. Ma qui cade l'asino, perché, essendo costoro miscredenti, non fanno proprio nulla per ricorrere ai mezzi spirituali, unici idonei a mitigarne gli effetti. Se avessero un po' di umiltà, ci arriverebbero da soli a capire...; è proprio il cane che si morde la coda. La prima conseguenza della mancanza di umiltà è la presunzione, cioè una forma di superbia, la quale è la causa di tutti i mali della singola persona e dell'intera umanità. Siccome le conseguenze del peccato originale non possono essere abolite per autoconvinzione personale o da una consultazione elettorale, prosperano più che mai nei suoi effetti deleteri proprio fra i laici democratici. Premesso ciò, non deve meravigliarci se in democrazia la maggioranza si comporta in modo sprezzante verso la minoranza, e la minoranza tesse continuamente insidie e trabocchetti alla maggioranza. Tutto questo è *fair play* di gentiluomini? È fatto per il bene del Paese? Evidentemente no. Viene fatto solo per screditare l'avversario, sperando – presto o tardi – di soppiantarlo al governo del Paese; governo che è visto come gestione del potere per il potere. Per questo inconfessabile motivo, ogni occasione è "buona" anche per mettere in cattiva luce il governo italiano nei consessi internazionali. Questo squallido modo di comportarsi lo vediamo in atto tutti giorni. Se maggioranza e minoranza fossero umili (ma per loro l'umiltà non è una virtù), e cercassero veramente il bene del Paese, il loro atteggiamento sarebbe completamente diverso. **La maggioranza ascolterebbe con interesse le proposte della minoranza**, per discerne, non in modo prevenuto, se contengano delle buone idee per possibili migliorie per il bene del Paese; così pure **la minoranza dovrebbe pensare di essere collaborativa per concorrere sinceramente al bene di tutti**, invece che tentare di soppiantare, con qualsiasi mezzo, la maggioranza al governo, per poi poter esercitare anch'essa il potere per il potere, né più né meno (e forse anche peggio) di come fa la maggioranza.

Il bene della Nazione e del popolo si fa con la sincera coesione degli animi e la sinergia delle forze, cose impossibili in una repubblica democratica. Per il buongoverno di uno Stato ci vuole un alto principio unificatore, nel quale tutti si riconoscano e per questo valore comune ciascuno dia il meglio di sé. Purtroppo invece l'unica sinergia democratica, voluta e realizzata, è di segno opposto: lo Stato e la Chiesa accomunati dagli stessi "valori", laici e democratici, che più sopra ho definito **"miscela che disorienta e produce effetti altamente distruttivi"**. Vediamo dunque in quali campi e come si producono questi cattivi effetti.

La democrazia, con le sue spinte laiciste, **distrugge innanzitutto la famiglia**. Storicamente ciò è avvenuto soprattutto con l'introduzione del divorzio, la depenalizzazione dell'aborto, la riforma del diritto di famiglia. L'appendice 1 di questo libro parla proprio di **"Sfacelo della Famiglia italiana"**, tema che ho trattato io stesso in tutti i miei libri, tanta è l'importanza oggettiva che gli riconosco. **Distruggere la famiglia è già la distruzione di un popolo, perché il popolo** è fatto di famiglie. Se la famiglia è in crisi, i primi a soffrirne sono i figli, cioè i giovani. D'altra parte, con la scuola pubblica laica e la Chiesa che vuole accogliere tutti come una ONG, ma spesso rinuncia alla sua prima missione di essere maestra di vita spirituale, i giovani sono lasciati allo sbando.

3) – La democrazia divide anche i poteri dello Stato; figuriamoci i cittadini!

La Repubblica democratica è divisiva anche nella sua stessa struttura istituzionale. Ho approfondito l'argomento nel mio libro "La grande Rigenerazione" (2023). Qui mi limiterò in particolare alla divisione dei poteri dello Stato – esecutivo, legislativo, giudiziario – teorizzata e calleggiata da Montesquieu (1689-1755). Questo è uno dei tabù sacralizzati e intoccabili del "vangelo" illuminista; un vero e proprio "dogma". Perché questi tre poteri dovrebbero essere divisi e indipendenti l'uno dall'altro? Risposta di Montesquieu: *"Perché il potere assoluto corrompe assolutamente"*[35]. E' un argomento un po' deboluccio da parte di uno dei grandi pensatori dell'Illuminismo… E' un motto, uno *slogan*, più che una risposta razionale, e ciò è grave da parte di un "razionalista", eppure questo principio astratto ha avuto un grande seguito. Se andiamo a cercare una spiegazione più convincente nel suo *Lo Spirito delle Leggi*, troviamo che questa sarebbe una *"condizione oggettiva per l'esercizio della libertà del cittadino"*. Mi permetto di dissentire. Innanzitutto lascio a Montesquieu le elucubrazioni "sulla condizione oggettiva per l'esercizio della libertà del cittadino". Come cittadino di una repubblica "democratica", non trovo alcun vantaggio dalla perseguita divisione dei poteri dello Stato; trovo anzi incongruenze, sconfinamenti di campo, abusi di supponenza fra i vari poteri (di tutto questo parlerò fra poco). Per il cittadino, ciò che fa veramente la differenza è il buongoverno o il malgoverno. Il buongoverno non è frutto della

---

35) I veri problemi – serissimi – sono altri. Primo comma del primo articolo della Costituzione italiana (il n. 101) dedicato alla Magistratura: *"La giustizia è amministrata in nome del popolo"*. È un'affermazione seria? Il "popolo" non è una persona, in quanto concetto astratto, può avere natura giuridica? (come il "bosco", è un concetto astratto; in realtà esistono le singole piante che lo compongono).
L'art. 104: *"La Magistratura costituisce un ordine autonomo e indipendente da ogni altro potere"*. Allora perché esistono nella Magistratura le correnti politiche? In questi giorni (novembre 2024) "Magistratura Democratica" ha festeggiato pubblicamente i suoi 60 anni di attività, con l'intervento di esponenti di spicco del PD. La Costituzione è una cosa seria?

divisione o moltiplicazione (e complicazione) di poteri, norme, regole, disposizioni, ma dalla rettitudine, onestà, competenza, senso di responsabilità e, perché no, umiltà (tutte qualità morali) di chi è preposto a giudicare e operare per il bene del cittadino. Infatti chi governa deve mettere al centro dei suoi doveri il bene della persona umana e non la fedele esecuzione di princìpi astratti, tanto più se poi il risultato conseguito è ingiusto e antiumano. Per dirla in termini filosofici, l'uomo è la causa efficiente della qualità dell'agire umano, della sua moralità; quindi **il valore sta nell'essere umano, non nella fedele obbedienza a regole astratte**. In altre parole: se la persona è buona e retta, la sua decisione sarà retta e buona; se invece la persona è falsa e malvagia, la sua decisione sarà in ogni caso ingiusta e malevola. Se chi governa è retto e sincero, non ha bisogno della "divisione dei poteri" per operare con coscienza e giustizia; le troppe separazioni gli rendono invece più complicato e qualche volta impossibile il suo compito. Se invece non è sincero e retto nel suo operare, queste divisioni di poteri non gli fanno né caldo né freddo, perché troverà sempre il modo di far prevalere i suoi disegni, snaturando il senso delle norme. In ogni caso, questo preteso assioma non è solo inefficace, ma dannoso, perché serve solo ad illudere acriticamente i cittadini sulla "bontà" miracolistica della norma stessa, a prescindere dalla virtù e rettitudine di chi opera, che è quello che conta veramente.

Mi spiace, cari illuministi, è un vostro limite non vedere quella realtà spirituale e trascendente che Dio ha voluto imprimere nella natura umana e che, nella nostra libertà, possiamo accogliere o negare. Voi non accettate questa verità, e per sopperire a questa vostra grave mancanza volete moltiplicare le norme e il frazionamento dei poteri dello Stato, con il risultato di peggiorare la situazione.

Non voglio insistere oltre sui princìpi costituzionali della buonanima di Montesquieu (e dei suoi ignari ed entusiasti *laudatores*). Già ho detto fin troppo sull'argomento, capisca chi può.

Certo è che il fanatismo divisionistico dei democratici non si è arrestato al XVIII secolo. La Costituzione italiana e la vita politica repubblicana di questi settantotto anni hanno fatto il resto. Oggi l'unità nazionale è ridotta a un colabrodo di autonomie territoriali e locali, di regioni a statuto speciale e a statuto ordinario[36], di province autonome, di comunità più o meno montane, di città metropolitane, a loro volta frazionate all'interno in zone civiche o municipi; e poi leggi speciali, esenzioni, autonomie, e non solo. In più l'Unione Europea (che Dio la benedica!) si dà un gran daffare per creare le 'Regioni d'Europa', cioè per sbriciolare gli Stati nazionali (per metabolizzarli meglio) in agglomerati territoriali diversi dagli Stati nazionali. A chi giova tutto questo? Ai soliti noti. Ufficialmente a rendere più democratico il Paese e la UE, in realtà, dietro le quinte, a renderlo più funzionale ai progetti dei mondialisti, cioè al potere massonico mondiale satanista.

Gli ingredienti ci sono tutti: si allarga a dismisura la base del "consenso" democratico, moltiplicando i centri di (apparente) potere e di rappresentanza popolare (di tanti piccoli e ambiziosi protagonisti), con le dovute gratifiche economiche relative. È geniale tutto ciò? Da italiano, io dico che per me la genialità è altra cosa. Direi piuttosto che è qualcosa che vorrebbe essere furbesco, ma in realtà è maldestro, perché

---

36) L'istituzione politica territoriale dello Stato più vicina ai cittadini è la Provincia (a che pro si è voluto ridimensionarla nei suoi poteri o addirittura cercare di sopprimerla?). L'ordinamento regionale, così come è stato concepito, è una insensatezza "democratica". Si è voluto trasformare uno Stato unitario in un Paese in cui convivono (più o meno bene) venti regioni, cinque delle quali a statuto speciale, e una di queste (il Trentino Alto Adige) divisa in due province autonome. Ogni regione ha un suo apparato di governo burocratico-amministrativo, come un piccolo Stato. Non si sa se sia maggiore lo spreco di risorse umane e finanziarie o il gravissimo danno dovuto al burocratismo smodato dei doppioni, delle competenze sovrapposte e dei ripetuti passaggi burocratici ai vari livelli.

Si sarebbe potuto concepire il decentramento regionale come una cooperazione operativa delle varie province in comitati tecnici di lavoro istituiti *ad hoc*, normalmente su base regionale, oppure anche solo su base interprovinciale, con le province confinanti, se un progetto coinvolte una o più province confinanti. I vantaggi? Snellire la burocrazia e rafforzare l'operatività, senza gravare ulteriormente le finanze pubbliche. **Il buonsenso va d'accordo con il buongoverno**, ma si scontra con una visione delle cose che pensa solo a moltiplicare le poltrone, i centri di potere, e il giro (o i giri) di soldi.

a grattare un po' la superficie di ciò che appare, si vede benissimo la trama che lo sottende e regge. È un piano eversivo e fraudolento, ma questo già ci introduce al tema del prossimo paragrafo.

2.4 – Alternanza senza alternative.

Siamo arrivati al **punto dolente** che veramente conta. Qui tutti i nodi vengono al pettine. La democrazia è una grande messinscena creata ad arte dagli "innominati" che realmente tengono strettamente in mano il potere reale degli Stati democratici. Costoro hanno bisogno di agire dietro le quinte, senza testimoni e senza alcun dissenso, perciò riescono nei loro progetti inconfessabili, coperti dalla facciata di rispettabilità delle istituzioni e controllando i *mass media* che contano, tutti omologati e fedeli strumenti di "cultura" popolare.

Come ho cercato di spiegare, non solo in questo libro, ma anche nei precedenti, il problema numero uno di chi vuole impossessarsi del potere è di far fuori innanzitutto il legittimo sovrano, e poi di creare una repubblica, come unica scelta ideale possibile conforme ai loro progetti. Questo primo atto fondamentale può avvenire o con una rivoluzione cruenta – come in Francia (1789/1793) o in Russia (1917) – oppure con un passaggio di preparazione attraverso la monarchia costituzionale, come è avvenuto in Italia con lo Statuto Albertino (1848-1948). Instaurata in qualche modo la repubblica (sempre illegittimamente), le soluzioni possono essere diverse: o il terrore giacobino, come in Francia (seguito poi dal Direttorio e dalla nuova monarchia, totalmente illegittima, di Napoleone) o con una stabile dittatura, detta del "proletariato", come in Russia. L'Italia è sempre un Paese più originale degli altri (creativo, e in qualche modo "geniale"): una rivoluzione – fatta con relativamente poca violenza, ma con tanto inganno e tradimento (come la lunga tradizione rinascimentale insegna) – seguita da una repubblica "democratica". In Francia e in Russia i sovrani sono stati uccisi; in Italia invece il sovrano è stato mandato in esilio (sempre con l'inganno!). È stata migliore la sorte dell'Italia? Apparentemente sì, ma alla lunga anch'essa si è attestata all'esito finale delle altre, e non sorprende. Francia, Russia e Italia oggi sono tutte tre rette da "democrazie", ciascuna con le sue varianti, per assecondare nel migliore dei modi l'indole del proprio popolo. Perché le vie sono diverse, ma l'esito è lo stesso? Perché **gli autori occulti di tutte le rivoluzioni sono sempre gli stessi**: la Massoneria mondiale con tutti i suoi adepti e collaboratori. La Repubblica democratica è decisamente la formula più intelligente e più efficace per conservare strettamente il potere reale, a tempo indeterminato, senza un reale dissenso, e nello stesso tempo godere di un ostentato "consenso" stabile della "maggioranza" di turno[37]. Quindi i poteri occulti possono governare, ostentando pubblicamente il favore della cosiddetta "maggioranza" (che è formale, non sostanziale), e quindi in realtà senza un vero consenso.

Come sono sprovveduti i dittatori, i quali apertamente (questa è la loro ingenuità) vogliono governare i popoli senza ricorrere al paravento delle "istituzioni democratiche". Ma signori, voi che per pura vanagloria (questa è un'altra forma di superbia) aspirate ad esercitare il potere assoluto senza la "copertura democratica", dimostrate di essere dei principianti sprovveduti in politica. In verità avete bisogno di un corso intensivo d'iniziazione al *savoir faire* della gestione del potere. Se prendiamo il caso di Mussolini, il quale ottenne l'incarico di formare il governo con la Marcia su Roma (1922), ma con le elezioni politiche del

---

37) In un contesto d'infinite bugie, anche l'affermazione che la democrazia si regge sul principio della maggioranza dei consensi lo è; questo è un mito da sfatare come tanti altri, perché i governi democratici in verità **non** si reggono su maggioranze. Se nelle votazioni consideriamo il numero dei votanti sul numero totale degli aventi diritto, ci accorgiamo infatti che non è così. Ad esempio, nelle ultime elezioni europee (giugno 2024), i votanti in Italia sono stati un po' meno del 50% degli aventi diritto, quindi la maggioranza dei voti espressi non arrivava nemmeno a 1/4 dei votanti; la vera maggioranza dei cittadini è quella che manifesta tacitamente il dissenso con l'astensione.
38) Con questa legge, alla lista più votata a livello nazionale – purché avesse almeno il 25% dei voti validi – sarebbero stati assegnati i 2/3 dei seggi in tutte le circoscrizioni, mentre i posti rimanenti in Parlamento sarebbero stati assegnati alle altre liste, in proporzione ai voti ottenuti e secondo il numero delle preferenze personali dei candidati. Su una popolazione di circa 40 milioni di abitanti, gli aventi diritto al voto (escluse le donne e i militari in servizio) erano 11.939.452. I votanti furono 7.614.451, cioè il 63,78 % degli aventi diritto. Il "listone" del Partito Nazionale Fa-

1924, grazie alla "legge Acerbo", ottenne il potere "democraticamente"[38]. Con la maggioranza di 355 deputati su 535 che aveva alla Camera (il Senato a quei tempi, con lo Statuto Albertino, era di nomina regia), l'opposizione era già stata annientata "democraticamente" e il fascismo avrebbe potuto governare indisturbato, a tempo indeterminato, salvando almeno la facciata della "legalità". Eppure Mussolini volle trasformare il fascismo in regime dittatoriale, sopprimendo il dissenso.

Ma torniamo a parlare dei "dittatori" nascosti dietro le Istituzioni, che hanno imparato l'arte di governare, i quali certamente sanno come condurre e concludere la loro carriera politica senza finire in piazzale Loreto.

Il titolo di questo paragrafo è un po' una provocazione, ma dice una grande verità. Poiché chi tesse tutte le trame politiche sono sempre gli stessi, l'alternanza democratica è una pura illusione ottica, di facciata (alludo al colore degli schieramenti politici). Ha ragione **Diego Fusaro** quando dice che è un'**alternanza senza alternative**. Se si toglie al popolo l'illusione dell'alternativa politica, addio democrazia, la gente non ci sta più! **Il popolo deve essere convinto che l'alternativa sia reale**. Ed ecco allora la messinscena – da grandi professionisti – dello "scontro" politico fra Destra e Sinistra. Chissà perché, quando poi si alternano effettivamente al potere, fanno le stesse cose (quando tutto va bene), perché ciascuna parte deve restare negli strettissimi margini di discrezionalità lasciati dai poteri occulti. In buona sostanza, la politica non cambia certo del 100%, ma, ad essere bravi, del 5%, sì e no. Questo è probabilmente il motivo principale, insieme con la corruttibilità dei politici, del disamoramento popolare circa la politica. Se pensiamo alla percentuale dei votanti nelle prime elezioni del secondo dopoguerra e le confrontiamo con quelle attuali, si capisce quanto danno abbia fatto l'inganno "democratico" dei mestieranti della politica e la conseguente delusione popolare. Perciò il noto aforisma di Mark

---

scista (PNF), che comprendeva anche diverse denominazioni e altri raggruppamenti locali, ottenne 4.653.488 voti, pari al 64,9% dei votanti (quindi ben oltre il 25% dei voti validi). I seggi conquistati dal PNF furono 355 sui 535 della Camera dei Deputati. Dunque il PNF con i suoi alleati, con 4.653.488 voti su una popolazione nazionale di circa 40 milioni di abitanti, rappresentava in realtà poco più del 10% dei consensi.

Twain (1835-1910) è sentito come vero: *"Se votare facesse qualche differenza non ce lo farebbero fare"*.

Prima di concludere, un cenno a quello che io chiamo il **"modello Penelope"**, ispirandomi dalla mitologia greca[39]. Cosa c'entra il "modello Penelope" con l'alternanza senza alternative? C'entra come modello operativo, applicato dai poteri occulti per conseguire le loro finalità. Un altro modo con cui l'alternanza non produce vere alternative, anzi tutto rimane stabile su un piano inclinato irreversibile, con tendenza al peggioramento[40].

Domanda: può un Paese essere ben governato con un simile sistema politico? La domanda è puramente retorica, perché la risposta viene da sé, dai fatti, i quali parlano da soli. In meno di ottant'anni, l'Italia è irriconoscibile; il "sistema " ha fatto tutto il male che poteva. La famiglia tradizionale e numerosa era la prima caratteristica antropologica che veniva riconosciuta all'Italia. Per rendersi conto del grande disastro avvenuto, si veda l'Appendice 1: "Lo sfacelo della famiglia italiana". Quando si distrugge la famiglia, si distruggono i valori che reggono tutto ciò che c'è di buono in un Paese, si distrugge il Paese

---

39) Com'è noto, la regina Penelope, fedele moglie di Ulisse, durante la sua lunghissima assenza del marito, di giorno tesseva il sudario per Laerte, padre di Ulisse, mentre di notte lo disfaceva. Aveva infatti promesso ai Proci (nobili pretendenti alla sua mano), che avrebbe scelto il futuro marito fra loro, ma al termine del lavoro, rimandando così a tempo indeterminato il momento della sua scelta.

40) La politica è tutto un fare e disfare, soprattutto in democrazia. Quando la Destra sale al potere, una delle cose che si propone di fare è di abolire o, più comunemente, modificare in senso restrittivo le riforme introdotte dalla Sinistra, specialmente in materie di rilevanza etica (al esempio il divorzio, la legalizzazione dell'aborto, la liberalizzazione delle cosiddette droghe "leggere", ecc.). In questi campi la Destra è più conservatrice e la Sinistra innovativa e spesso "rivoluzionaria". Quando la Sinistra ritorna al potere, cancella le modifiche introdotte dalla Destra. Tutto resta come prima, ma con la differenza che, nel tempo, ogni riforma sgradita alla Destra si consolida e ne prepara un'altra ancora peggiore. La Sinistra è il braccio operativo preferito dai poteri occulti; la Destra vorrebbe essere l'antagonista di questi poteri, ma di fatto si deve piegare a chi il potere lo detiene realmente e, malvolentieri, sta al gioco.

stesso. L'accanimento non è finito, è tuttora pienamente in corso, perché non c'è limite al peggio. Non bastava il divorzio, l'aborto legalizzato e gratuito, la "riforma" del diritto di famiglia; oggi si continua alla grande con le "famiglie" non-famiglie *gay,* la teoria anti-antropologica del *"gender"* e le sue applicazioni *transgender*. Teorie che stanno entrando dappertutto come una malattia infettiva altamente contagiosa grazie ai *mass media,* specialmente la TV, e la scuola (benché non c'sia alcuna autorizzazione ministeriale che lo permetta), ai movimenti d'opinione (che si comportano come movimenti d'"imposizione"), e quant'altro. Con questa che non è più solo una teoria si vogliono minare i fondamenti portanti dell'antropologia umana.

L'"inverno demografico" sta portando all'estinzione del popolo italiano: è questione di matematica; questa è una conseguenza oggettiva, perché le nascite sono inferiori alle morti. Ma più che una scomparsa, sarà una sostituzione etnica, in concomitanza anche con la sostituzione linguistica (dovuta al sovrapporsi incontrastato della lingua inglese sulla nostra); tutto ciò comporterà la scomparsa antropologica e culturale della civiltà italiana, così come è conosciuta da secoli. Verrà il giorno in cui, fra le civiltà italiche scomparse, ci sarà anche la civiltà nata con l'unità nazionale e fatta scomparire con la nuova barbarie democratica, che *in nuce* era già presente nel Risorgimento: il calo demografico, la sostituzione etnica, la sistematica distruzione della religione, della lingua della cultura, e anche dell'economia nazionale. Sì, anche l'impoverimento generale ha la sua importanza, perché il Paese e la sua cultura possono crescere in un contesto economico favorevole. **L'Italia cristiana seppe rinascere dalle invasioni barbariche antiche; su quali basi dovrebbe rinascere la morente Italia?** Non certo con la fede cattolica, anch'essa umanamente ormai in fase terminale di estinzione forzata. Tutto ciò non è un'immane sciagura che si abbatte improvvisamente sul Paese, come un terremoto. È un disegno di devastazione voluto e programmato, in modo sistematico, passo dopo passo, fino ai più minuti particolari. La svolta tremenda fu proprio lo Statuto Albertino, cioè la consegna del legittimo potere sovrano alla rivoluzione e sua sottomissione, con la formula del compromesso monarchia/democrazia. Tutto il resto è venuto dopo, come una conseguenza, a orologeria. L'altra grande svolta fu la repubblica, che (sinora) non ha più reso possibile la rigenerazione nazionale. L'alleanza NATO e l'Unione Europea hanno fatto il resto. L'auto-dissolvimento è pienamente in corso, ma non ancora concluso, finché non rimarrà pietra su pietra della nostra identità nazionale.

3.
Sovranità e democrazia a confronto

3.1 – Il malgoverno inevitabile

Dopo avere approfondito i concetti di 'sovranità' e 'democrazia', passiamo ora a vedere le condizioni che rendono possibile il buongoverno o il suo contrario, il malgoverno. Individueremo l'unica soluzione umanamente possibile per conseguire il buongoverno dello Stato[41].
Ma prima procediamo ad individuare, per contro, tutti quegli impedimenti che rendono il malgoverno inevitabile e il buongoverno impossibile.

1) – Primo impedimento. In questo mondo, per la vera riuscita personale e di ogni impresa, **l'essere umano deve fare la volontà di Dio**. Se l'uomo si ribella al piano d'amore di Dio, e, contro la divina volontà, pretende di riuscire a combinare qualcosa di buono nelle sue imprese, è fuori strada e non può farcela. O meglio: rende impossibile che le sue imprese siano "buone". Gesù infatti ci ricorda che *"nessuno è buono, se non Dio solo"* (Mc 10, 12). Dunque, per operare bene e fare il bene bisogna fare la volontà di Dio, cioè mettersi nella disposizione d'animo di cercare Dio e la sua volontà, con totale rettitudine d'animo. Se uno, deliberatamente, non cerca Dio e la sua santa volontà, rende impossibile la prima condizione indispensabile alla sua

---

41) Dico 'umanamente' perché sono consapevole che il punto di vista umano è molto limitato, e non può, anche con la massima buona disposizione, corrispondere in tutto alla visione dell'infinita Sapienza e Provvidenza divina. L'uomo sarà tuttavia giudicato per la sua rettitudine, nonostante i limiti che ha; da lui non si può pretendere ciò che non può dare perché non ha.

riuscita. Il "buongoverno", cercato con mezzi umani, fuori o contro la volontà di Dio, è impossibile che sia davvero "buono".

2) – Secondo impedimento. Dio è Verità. Tutto ciò che non è verità non può essere da Dio, e perciò non può concorrere né al bene della persona né al bene della Nazione. Quindi tutto ciò che si regge sulle menzogne non è e non può essere nulla di buono. Vedendo che il mondo della politica vive e si regge sulle menzogne, per conservare o accrescere il potere (il potere per il potere), ci rendiamo conto che **il buongoverno può realizzarsi solo nella misura in cui chi governa** è fedele alla verità. D'altronde, come si fa a fidarsi di chi ci inganna sistematicamente? Eppure quanta gente non vuol saperne d'imparare qualcosa dall'esperienza, e continua a credere alle menzogne.

3) – Terzo impedimento. Se, per acquisire o conservare il potere, si compiono dei reati (inganni, violenze, imbrogli, ricatti, false promesse, ecc.), non ci può essere la grazia di Dio, e quindi tantomeno il buongoverno di uno Stato. È attribuito a Nicolò Machiavelli (1469-1527) il principio che *"il fine giustifica i mezzi"*. Certamente il Machiavelli ne caldeggiò l'applicazione nel suo *Il Principe* a tutti coloro che ambiscono al potere (siamo sempre lì: al potere per il potere). Se uno usa qualsiasi mezzo pur di raggiungere il potere, come Cesare Borgia detto il Valentino (1475-1507), che fu di modello al Machiavelli, diventa una sciagura per i popoli che gli sono soggetti. **Il buongoverno non può assolutamente essere il frutto di crimini.** Vi è un'opposizione insanabile fra il male e il bene, una contraddizione in termini.

C'è troppa simpatia nei libri di Storia per le rivoluzioni, presentate come episodi epici di riscatto dei popoli, quasi con sentimenti di ammirazione per gli "eroi" che le compirono, benché costoro si fossero macchiati di orrendi delitti. Quante rivoluzioni ha fatto l'umanità sinora? E vedendo la situazione attuale del mondo, si capisce molto bene che non sono servite a nulla.

4) – Quarto impedimento. Il buongoverno è impossibile se il Paese è lacerato in due forze politiche contrapposte: maggioranza e opposizione. Le ideologie, fondate su concezioni precostituite e preconcette, dividono gli animi, mentre l'appartenenza all'unica Nazione lovrebbe unirli. Solo la concordia nazionale, fondata sull'unità d'intenti e sulla massima cooperazione di ciascuno, può portare al bene di tutti, cioè al buongoverno del Paese. Tutto ciò richiede una virtù rara, ma necessaria a tutti: l'umiltà. Questa virtù è difficile perché la superbia (che è il suo contrario) è molto radicata nell'essere umano, essendo stata la causa del peccato originale e di tutti i mali dell'umanità che ne sono seguiti. L'umiltà è difficile anche per coloro che con molto impegno vivono la loro vita cristiana; immaginiamoci allora per i miscredenti, gli atei e i laicisti! Costoro, invece di sforzarsi a praticare questa virtù, la disprezzano come cosa da donnette, da bigotti e da gente senza valore. Costoro, sul piano umano, in realtà non squalificano gli altri, ma se stessi, da soli. Lo si vede molto bene nel loro modo di agire.

Il Governo deve essere umile, non presuntuoso, per non urtare la suscettibilità dei cittadini e favorire la loro cooperazione. Su che base il governo dovrebbe essere superbo e sprezzante? Se opera bene, non fa altro che il suo dovere, cui è tenuto per il potere che detiene. La riuscita di un'impresa comune è sempre dovuta al concorso unanime di tutti, mentre la non-riuscita può dipendere soprattutto da chi comanda e dirige.

L'opposizione deve essere umile per non ostacolare la piena riuscita dei programmi governativi, quando concorrono oggettivamente al bene della Nazione; perciò deve evitare le critiche pretestuose, che non sono realmente costruttive.

5) – Quinto impedimento. La selezione dei vertici non può venire dal basso, dal prevalere della spinta "popolare", cioè democratica, che uno riceve per poter emergere. Il consenso popolare non per forza può essere un buon motivo di scelta a posti di responsabilità di qualcuno. Il consenso può essere ottenuto in modo fraudolento, anche con una campagna di comunicazione efficace, ma menzognera, e con appoggi da parte di persone o gruppi influenti; promesse demagogiche e tanti altri mezzi ingannevoli possono indurre in errori di valutazione e quindi risultare pessimi consiglieri. Eppure in democrazia, pur di avere il consenso, le cose funzionano così.

Chi è chiamato a posti di responsabilità deve possedere tre caratteristiche indispensabili: 1) la moralità personale, 2) la competenza specifica, 3) le doti naturali di *leader*. Uno potrebbe avere le prime due, ma è necessario che abbia anche capacità operative, direttive, decisionali ed è indispensabile che sappia assumersi le sue responsabilità. Il mondo politico italiano purtroppo è pieno di gente che non ha quest'ultima caratteristica; il problema è più serio di quanto si pensi, perché questa gente molto spesso non ha nemmeno le prime due caratteristiche. Selezionare la persona giusta, che possieda queste tre caratteristiche essenziali, ben difficilmente può venire dal voto. **La scelta della persona giusta può venire solo dall'alto**, da chi è fuori della mischia, da chi non è coinvolto e compromesso nelle passioni, nelle lotte politiche, negli interessi di parte e non subisce condizionamenti vari, ma agisce con saggio distacco e in piena libertà di coscienza, sapendo di dover rispondere solo a Dio dei suoi atti. **Costui può essere solo il Sovrano**. Può sbagliare anche lui? Certamente. Ma intanto sono tolti di mezzo tutti i sotterfugi umani che condizionano e impongono una scelta sbagliata, sebbene democratica.

In secondo luogo, come **ha avuto la libertà di nominare, così pure il Sovrano ha la libertà di revocare**, perché la responsabilità finale delle sue scelte per realizzare il buongoverno ricade su di lui. Perciò al vertice ci vuole chi non è soggetto a vincoli e non compie fughe dalle responsabilità.

Per concludere quest'argomento, mettiamo insieme tutti i pezzi del *puzzle* per cogliere in un unico colpo d'occhio l'immagine (orrenda) che ne viene fuori. La democrazia moderna non a caso nasce dalle rivoluzioni, in particolare da quella Francese, ed è diventata il modello per tutti coloro che vogliono il ribaltamento dell'ordine stabilito da Dio nella creazione. Non si può non riconoscere nella rivoluzione democratica tutti gli elementi costitutivi dell'impronta luciferina. Innanzitutto la **ribellione a Dio, alla verità e al Suo amore sapientissimo e provvidente**. La democrazia si oppone a Dio e all'ordine gerarchico costituito in tutta la Creazione. Ne consegue che **viene rifiutata la**

verità e viene idolatrata l'opinione, benché sia opinabile e variabile; è una falsa libertà che si oppone alla verità. Libertà non **di** Dio (dei figli di Dio) ma **da** Dio e dalla verità, precisamente come la libertà propugnata da Lucifero.

Rifiutando la verità, viene meno alche il fondamento della giustizia, perché non può ancorarsi ai veri fondamenti universali ed eterni. In questo modo, pure il giudizio perde di oggettività perché si fonda sull'opinione. Risultato: il diritto diviene arbitrio[42]. La triade rivoluzionaria, *liberté*, égalité, *fraternité*, è totalmente infondata e falsa. Libertà da Dio significa schiavitù dei vizi, dei peggiori istinti dell'uomo e tanti crimini. Chi proclamava, a parole, la libertà, sottometteva con la forza, non solo gli oppositori interni, ma anche i popoli stranieri. L'uguaglianza, pure proclamata a parole, non era certo quella economica e sociale (che tentò poi di realizzare il comunismo sovietico, ma con esiti disastrosi). In Francia ci fu anzi il trionfo della ricca borghesia sulle altre classi sociali. Anche l'égalité non era fondata sul diritto, perché vennero conculcati i diritti della Chiesa e di chiunque non fosse allineato con la "verità" rivoluzionaria. Dunque in democrazia la verità e la giustizia sono opinabili. Lasciamo da parte la *fraternité*, totalmente ingannevole perché di fatto servì da copertura ad indicibili massacri.

Un altro gravissimo ostacolo alla realizzazione del buongoverno, in democrazia, è la qualità della pubblica amministrazione. Mi spiego. L'amministrazione pubblica è retta e diretta da politici che giungono al potere per essere stati eletti alle varie cariche dello Stato senza alcuna preparazione generale e specifica all'incarico che assumono. Dunque improvvisati amministratori del bene pubblico, e costoro devono fare da guida ai loro sottoposti. L'espressione evangelica: "ciechi e guide di ciechi", sembra proprio attagliarsi perfettamente alla situazione. In altre parole, la classe politica scelta con le elezioni democratiche

---

42) Un esempio. Durante la Rivoluzione francese, migliaia e migliaia di persone sono state condannate alla ghigliottina per semplice sospetto, o per false testimonianze, in ogni caso senza alcun regolare processo, e nemmeno in base alle leggi promulgate dagli stessi rivoluzionari.

a dirigere e governare l'apparato dello Stato, normalmente è fatta di incompetenti[43]. Che differenza con l'apparato dell'amministrazione pubblica delle monarchie di elezione divina! C'è stabilità nelle istituzioni e i dirigenti sono tali solo per scelta oculata dei responsabili, dopo lunga formazione sul campo e meriti acquisiti per competenza ed esemplarità di servizio. Inoltre costoro possono essere rimossi in qualsiasi momento se si dimostrano incapaci, incompetenti o infedeli. Tale era, ad esempio, l'amministrazione pubblica austro-ungarica. La Lombardia e il Veneto incominciarono a primeggiare in Italia, nei secoli XVIII e XIX, grazie proprio alla proverbiale efficienza, scrupolosità ed onestà dei funzionari dell'apparato della pubblica amministrazione imperiale. Fu uno *shock* terribile l'arrivo in quei territori delle soldataglie rivoluzionarie francesi e del potere napoleonico, con tutto ciò che questo comportò: violenze, mancanza di rispetto per le istituzioni locali (soprattutto la Chiesa), stravolgimento dei costumi, malversazioni, ruberie, esosità fiscale, furti di opere d'arte; insomma una pessima amministrazione pubblica e asservimento alla sovranità francese. Nonostante tutto questo, ebbero dei *fan* fra gli italiani (sempre gli stessi, anche allora), ma per fortuna la dignità nazionale fu riscattata dal fenomeno grandioso delle Insorgenze popolari.

In questi giorni (novembre 2024) in Spagna c'è stata una terribile alluvione nella regione di Valencia, con oltre 200 morti. Sebbene in ritardo, le autorità spagnole: il re Felipe, il primo ministro Sanchez, il presidente regionale, vari sindaci, hanno fatto un sopralluogo sui luoghi del disastro, e gli alluvionati li hanno accolti con insulti e con il

---

43) A Napoli c'è il detto *"Nessuno nasce imparato"*. Infatti l'umanità ha perso la scienza infusa con il peccato originale. Nell'umanità d'oggi, uno per conoscere una materia deve studiarla in modo approfondito e fare esperienza specifica in quel campo, e non è detto che poi emerga per le sue doti e capacità. In democrazia, invece, uno viene eletto se ha i voti, non importa come li ha avuti, e non importa se ha delle competenze o meno. Ci sono dei ministri – autentici "sugheri", perché stanno sempre a galla – che, con il cambiare dei governi, cambiano ministero, e continuano a galleggiare senza problemi (per loro)

lancio di fango. I dimostranti, intervistati dal telegiornale, attribuivano il disastro all'incuria del territorio, da decenni senza le dovute manutenzioni, così la rabbia si riversò sulle autorità. In particolare chiesero al ministro Sanchez di dimettersi, il quale se ne guardò bene dal farlo. Facciamo alcune necessarie considerazioni. In Spagna c'è una monarchia costituzionale. Il Re non solo è impossibilitato a dimissionare il primo ministro, ma non ha alcuna voce in capitolo nella politica nazionale e regionale. Il popolo se l'è presa anche con il Re, e qui si vede molto bene l'incapacità del sistema democratico di individuare i veri responsabili e soprattutto di perseguirli. È evidente, anche da questo esempio, che **il sistema democratico <u>non</u> è in grado di attuare il buongoverno di un Paese**.

Stessa cosa accade in Italia. In Emilia-Romagna ci sono state tre alluvioni consecutive (autunno 2024), negli stessi territori, nel giro di poche settimane. Anche qui, manutenzioni ordinarie non fatte, progetti di lavori approvati e finanziati da decenni e mai realizzati. E anche qui tante chiacchiere, proprio sul tema dei "cambiamenti climatici", ma nessun responsabile dei mancati lavori di prevenzione nel territorio.

Lasciamo da parte gli eventi speciali (o ritenuti tali) e limitiamoci all'ordinario. Gli acquedotti in Italia sono un colabrodo, perché non vengono effettuate le manutenzioni e riparazioni alle condutture. Si stima infatti che l'emergenza idrica sia in gran parte dovuta alla dispersione d'acqua delle condutture non riparate. Ma anche qui si parla di "eventi climatici" sfavorevoli, senza nessun colpevole.

In Italia ci sono oltre tremila grandi opere incompiute (strade, ponti, gallerie, ospedali, scuole, opere pubbliche in genere). Ciò avviene per continue lievitazioni di costi, corruzione, infiltrazioni mafiose negli appalti, ecc.. Spettacolo ben squallido di inefficienza, corruzione, incapacità, disonestà, sotto gli occhi di tutti. E come sempre in democrazia c'è il palleggio delle responsabilità fra Stato, regioni, province, comuni e comunità montane... Nessuno è mai colpevole (o, meglio, tutti sono colpevoli a causa del sistema). L'unica cosa certa è che i cittadini finiscono sempre per pagare tutto loro. E questo è un altro punto dolente del sistema: le tasse.

La pressione fiscale totale in Italia (Stato, regioni ed enti locali) è ormai intorno al 50% dei redditi. In qualche regione anche di più. Così almeno la metà del tempo che si lavora serve solo per pagare le tasse. I soldi guadagnati da chi lavora sono sacri: questo dovrebbe essere il principio di base per il buongoverno. Chi si pone il problema dell'enorme esosità del fisco? Perché, nella tanto deprecata Russia, lo Stato si accontenta di una tassazione del 13-15%? Ce lo spieghino i sapientoni della politica nostrana.
La televisione di Stato e i giornali insistono sull'assoluto dovere morale di pagare le tasse, ma mai una parola sull'insopportabile peso della fiscalità e sullo sperpero delle risorse pubbliche. Il fatto è che questo è un altro punto dolente della democrazia, che fra i tanti difetti che ho elencati ha anche l'infinito bisogno continuo di soldi per sostenere un sistema costosissimo, farraginoso, burocratico fino alla paralisi del sistema e allo sfinimento. Molti – troppi – ci mangiano sopra (è proprio un sistema *magna-magna* generalizzato) e in più ci sono gli sprechi per incapacità, inettitudine, appropriazioni indebite e quant'altro. Il vero problema etico disatteso è l'enorme esosità del fisco, che ruba nelle tasche degli italiani (quello sì!) che lavorano per reggere tutto un apparato corrotto, e che oltretutto non è nemmeno efficiente. Dal punto di vista etico, è più grave lo sperpero delle risorse pubbliche per "malgoverno", che la stessa evasione fiscale. A questo proposito: perché le multinazionali non vengono tassate allo stesso modo dei privati cittadini? Perché nessuno si straccia le vesti davanti ai paradisi fiscali all'interno della stessa Unione Europea? Un esempio: la sede legale del gruppo Stellantis è in Olanda e quella fiscale a Londra (che oggi non è più nemmeno nella UE). Perché?
Lo Stato chieda alle multinazionali di pagare il dovuto, secondo giustizia, e non ai cittadini che fanno fatica ad arrivare alla fine del mese. I nostri "eroi" del Risorgimento erano consapevoli delle conseguenze che avremmo dovuto subire nel tempo a causa delle loro scelte "istituzionali"? Molti "patrioti" erano certamente degli idealisti ingenui, ma i grandi capi lavoravano per la Massoneria mondiale, e costoro, nei loro conciliaboli segreti, erano perfettamente a conoscenza dei programmi di lungo termine e degli obiettivi finali da conseguire.

Prima di concludere, qualche altra perla del malgoverno: l'abusivismo edilizio. Questo è un altro fenomeno negativo di massa (e quindi in qualche modo democratico). Località naturalistiche o climatiche sono state prese d'assalto da turbe d'improvvisati costruttori abusivi. Risultato (salvo qualche eccezione): "sanatorie" per condonare questi abusi, che evidentemente facevano comodo anche ad esponenti del sistema politico e amministrativo locale. Quindi versamento di soldi (che fanno sempre comodo), invece che il ripristino della legalità. Tra l'altro, oltre ad essere un modo ingiusto per "regolarizzare" la cosa, è un modo altamente diseducativo, uno schiaffo alle persone oneste. Ma non è tutto: spesso queste costruzioni ostacolano il deflusso delle acque durante le alluvioni o possono essere pericolosissime, durante i terremoti, perché costruite senza norme antisismiche.

Potremmo continuare a lungo ad elencare le malefatte del sistema democratico che rendono impossibile l'attuazione del buongoverno. Già nel capitolo 2 avevamo visto una grande quantità di esempi di mala gestione amministrativa. Ritengo quindi che il quadro sia ormai sufficientemente chiaro e completo per giungere a una conclusione certa. **Il sistema democratico sembra fatto apposta per rendere impossibile il buongoverno di un Paese**; non trovo nessun appiglio che giustifichi un giudizio diverso. Nel sistema democratico, contano più le modalità e le procedure che le finalità e i risultati. Se uno deve tener conto di tutti gli aspetti: procedure, vincoli, protocolli, "lacci" e trabocchetti di questo sistema volutamente complesso, farraginoso e ingannevole[44], rende impossibile la

---

44) Infatti offre false garanzie, totalmente ingannevoli, perché infondate (come abbiamo visto), quali:

1) Il falso concetto che la sovranità appartenga al popolo;

2) Il falso concetto che la sovranità popolare consista nell'esercizio del voto;

3) Il fatto che il "sistema" non sia fondato sul culto della verità ma sulle opinioni, a meno che la verità non coincida (casualmente) con la mutevole maggioranza dei consensi;

4) Un sistema intrinsecamente divisivo, tutto l'opposto di ciò che è necessario per la concordia nazionale e la fattibilità operativa;

5) Un sistema inevitabilmente corruttivo nel selezionare i vertici della politica, e volutamente corruttore nel plagiare l'anima dei popoli.

realizzazione del buongoverno di un Paese. Questo è appunto l'inevitabile risultato di una oggettiva disamina dei pro e contro che permettano od ostacolino il buongoverno. Alla luce di tutto ciò che abbiamo detto sinora, **possiamo giudicare la "pianta" della democrazia dai frutti che produce**, come ci invita a fare il Vangelo (cfr Mt 7, 16-20), per evitare di farci ingannare dalle apparenze e dall'enorme apparato mediatico che sostiene il sistema. **La verità si regge da sola**, non ha bisogno del consenso – quasi plebiscitario – indotto dai *mass media* e sostenuto da una chiassosa e molto interessata opinione pubblica dominate, manovrata e intollerante. Le false "verità" invece non possono reggersi che in modo artificioso. La verità è sempre una scelta coraggiosa e, ai nostri tempi, anche pericolosa, veramente controcorrente.

3.2 – Il buongoverno possibile

Dico 'possibile', non sicuro al 100%. Abbiamo visto che **con la democrazia il buongoverno di uno Stato è impossibile**, non per questo con la Sovranità il buongoverno è sempre assicurato. Anche qui ci sono delle condizioni da rispettare. Ricapitoliamo, a grandi linee, le ragioni di verità su cui si fonda la sovranità, nelle sue modalità.

1) – **LA SOVRANITÀ DIVINA ASSOLUTA.** La Sovranità appartiene propriamente e unicamente a Dio solo, il Creatore e Signore dell'universo. Dio Padre ha creato l'universo con il Figlio e per il Figlio, la Sapienza eterna del Padre, designato unico ed eterno Sovrano. Questo tipo di sovranità non è di questo mondo. Dio però, nella sua imperscrutabile Provvidenza, può eleggere, a certe condizioni, un essere umano come sovrano temporale in terra.

2) – **LA SOVRANITÀ UMANA DI ELEZIONE DIVINA.** È la sola vera sovranità possibile in terra, l'unica che possa fregiarsi di questo titolo e abbia il sacro crisma della volontà divina. Sovranità conferita a una persona individuale in questo mondo, e perciò limitata nel tempo e nello spazio. Dio è sempre fedele, l'uomo purtroppo no. Non basta che il sovrano sia oggetto dell'elezione divina, deve con rettitudine e perseveranza corrispondere degnamente alla vocazione divina. In

quanto sovrano deve fare sempre la volontà di Dio, e anche nella sua vita privata è chiamato alla santità, come tutti i battezzati. **Il buongoverno può venire solo da un legittimo sovrano, che è fedele a Dio e alla Sua volontà**, affinché, con le grazie speciali di stato che gli sono elargite, possa operare con rettitudine e con tutte le sue migliori disposizioni per realizzare il buongoverno del suo Stato, di cui dovrà rispondere a Dio. Solo a Dio.

L'uomo non può darsi la Sovranità da solo, con le sue mani; può solo riceverla da Dio, a ben chiare condizioni. La sovranità non può essere trasferita da uomo a uomo; può solo essere ereditata, anche in questo caso a ben precise condizioni. Manzoni fa dire a don Abbondio, davanti al card. Federigo Borromeo: *"Il coraggio, uno, se non ce l'ha, mica se lo può dare"*; figuriamoci allora la Sovranità! Veramente uno può cercare di farsi coraggio, ma non può certo autoproclamarsi "Sovrano". A meno che non faccia come Napoleone… Ma chi pensa di essere Napoleone e agisce come lui è chiaramente in caso psichiatrico. **Il sovrano costituzionale non rientra nel caso della vera sovranità di elezione divina.**

È evidente che la sua coscienza di uomo e la sua vocazione per divina elezione sono compromesse dall'impegno che prende con gli uomini (monarchia costituzionale), e questo impegno sovrasta la missione alla quale Dio lo chiama. A titolo di esempio, l'art. 22 dello Statuto Albertino dice: *"Il Re, salendo al Trono, presta in presenza delle Camere riunite il giuramento di osservare lealmente il presente Statuto"*. Il Re, giurando di osservare lo Statuto, non ha più l'assoluta libertà di coscienza nelle sue decisioni[45]. Egli compie un giuramento di obbedienza a delle regole decise dagli uomini, mentre Dio non gli ha chiesto di fare altrettanto con i ben più importanti doveri inerenti la sua regalità di elezione divina. Questo dimostra che **il Re non è più il sovrano, e il popolo non lo è, e mai esserlo**. Quindi si crea una falsa situazione

---

45) Nel mio volume *"Traditori della Fede e della Patria"* (2024) ho presentato diversi casi di conflitti di coscienza dei re d'Italia, contro le decisioni dei vari governi costituzionali in carica, dovute in osservanza agli obblighi imposti dallo Statuto.

di "sovranità"; una facciata istituzionale creata ad arte da chi si è impossessato veramente del potere, e lo gestisce arbitrariamente e occultamente alle spalle del re.

Dio vuole l'uomo libero, lo Statuto democratico vincola il sovrano e gli impedisce di esserlo. E non a caso. Lo Statuto vuole espressamente che la sovranità sia relativa al "popolo" (non a Dio), cioè a chi, dietro le quinte, manipola il popolo e detiene l'effettivo potere occulto dello Stato. Ecco perché il re costituzionale deve insediarsi con una cerimonia laica di giuramento al testo costituzionale, perché con quel giuramento perde la sua sovranità e di fatto viene detronizzato.

Dietro l'investitura degli uomini, c'è l'investitura di Satana: [46]. **Se accetti l'investitura degli uomini, non puoi avere l'investitura di Dio**[47]. Senza la verità dell'elezione divina, è inutile lo sfarzo della cerimonia dell'incoronazione del re costituzionale (vedi ad esempio quella che si compie nel Regno Unito): una messinscena di circostanza, che appaga e gratifica la superficialità emotiva del popolo, ma è priva di reale sostanza ed efficacia.

3) – LA SOVRANITÀ DI FATTO. Esiste anche una sovranità totalmente umana e arbitraria, **non voluta espressamente da Dio, ma semplicemente da Lui tollerata** (ricordiamoci la risposta di Gesù a Ponzio Pilato). Questa forma di autorità di fatto, insieme con la monarchia costituzionale e la repubblica, non è certo la migliore per un Paese, ma rientra nelle possibilità degli imperscrutabili disegni della Provvidenza divina.

---

46) *"Ti darò tutta questa potenza e la gloria di questi regni, perché è stata messa nelle mie mani e io la do a chi voglio. Se ti prostri dinanzi a me, tutto sarà tuo"* (Lc 4, 5-7)

47) Solo alla luce di ciò si capisce la gravità del passo falso compiuto da Carlo Alberto, quando concesse lo Statuto ai rivoluzionari. Ha svenduto la sovranità di elezione divina (starei per dire: per un piatto di lenticchie...) per essere "incoronato" eroe (con il consenso "democratico") dell'auspicata unità nazionale. Forse l'allora sovrano per Grazia di Dio non si rese conto pienamente della gravità delle conseguenze di quella che fu una vera e propria apostasia ed abdicazione. Con quel passo, segnò la fine della legittimazione divina del suo regno e dei suoi successori dello stesso ramo Savoia-Carignano, la cui fine temporale fu solo questione di tempo.

La monarchia costituzionale è un compromesso fra la sovranità di fatto e la democrazia. In Italia è durata un secolo (1848-1948); nel Regno Unito dura da diversi secoli ed è tuttora in vigore. La lunga durata della monarchia costituzionale non è sinonimo di una giusta istituzione e di buongoverno. Nel Regno Unito la monarchia è puramente un'istituzione formale, di rappresentanza, in continuità con la tradizione, ma di fatto svuotata di ogni contenuto politico reale. Formalmente il re è ancora il Capo dello Stato, ma per la politica del Paese si deve adeguare in tutto, e in modo acritico, all'indirizzo politico del governo in carica. Persino i discorsi pubblici ufficiali del re vengono scritti dal Primo ministro. Nonostante tutto ciò, la Sovranità costituzionale è comunque meglio della Repubblica. Vediamo perché, il motivo è presto detto.

Il Presidente della Repubblica è un politico che è riuscito a farsi eleggere *pro tempore* Capo dello Stato (con delle idee e programmi che solo alcuni condividono, contro altri che la pensano diversamente). Già in partenza è un'elezione divisiva, perché non rappresenta tutto il popolo. Inevitabilmente il Presidente eletto ha dei debiti di riconoscenza verso i suoi sostenitori (partiti, gruppi, *lobby*, singoli). Il Presidente entra in carica con il giuramento sulla Costituzione. Questo non è un testo sacro, che trascende la volontà umana ed è immutabile; è un testo che a sua volta è stato votato da una maggioranza (in un determinato momento), ma non da tutti, e può essere modificato in qualsiasi momento, anche durante il mandato presidenziale.

Ogni presidente, appena eletto, dice **l'insopportabile bugia di rito: sarò il presidente di tutti**, ben sapendo che ciò non è vero, perché gli è impossibile esserlo. A differenza di un sovrano, il presidente è espressione di una parte politica (quella dalla quale proviene, e che l'ha eletto); ben presto ciò sarà pubblicamente evidente per il modo con cui gestisce la sua carica, non per le promesse che fa. Un presidente è ricattabile, perché nessuno, nel corso della sua vita, è senza macchia, tanto meno un politico di professione e di lungo corso. Anche chi dovrebbe giudicare il Presidente non è senza macchia... Ma tutto si può mettere a posto in questo mondo, non sempre nel migliore e più trasparente dei modi.

Il Sovrano invece non è stato eletto da una fazione, anche se di maggioranza; non ha fatto promesse elettorali (che spesso sono bugie elettorali), e risponde solo a Dio e alla sua coscienza del suo operato. Dio fa partecipe l'uomo della sua paternità e sovranità, e l'uomo che ne è legittimamente investito, esercita il suo dominio come amministratore, in nome e per conto di Dio e non di altri. L'autorità che si acquisisce per natura e per grazia divina è molto diversa da quella che può essere conferita da una volontà umana, basata sulle opinioni, i calcoli di convenienza e i compromessi. Ciò **conferma quanto sia impropria la Monarchia costituzionale, che sottomette un potere originario e sovrano di origine divina a un potere (popolare) che ha un inesistente fondamento di legittimità**. Figuriamoci una repubblica, che si costituisce sulla eliminazione dell'unico potere originario, legittimo e sovrano! Inoltre un Re, proprio perché non rappresenta un potere contingente e temporaneo, legato ad un mandato elettorale, non vive alla giornata, ma guarda al bene reale del Paese e al bene delle future generazioni, anche scontentando *lobby* e gruppi di pressione, perché non mira ad essere rieletto.

Tenuto conto di tutto, come Capo dello Stato è indubbiamente meglio un sovrano (anche costituzionale) che un presidente. La Monarchia costituzionale è in ogni caso una situazione di ripiego, dovuta all'errore madornale della rinuncia alla Sovranità per elezione divina – investitura divinamente perfetta – per sottomettersi liberamente al potere degli uomini, dietro i quali non c'è Dio ma a Satana.

La verità è sempre oggettiva, perché non consiste in fantasie e ideologie confezionate *ad hoc*, ma coincide con la realtà dei fatti. Ciò che ho detto sinora è fondato sui fatti, e su questa base non sorprende il consenso fra chi non è prevenuto, maldisposto e in malafede. Fra i non pochi di costoro, anche degli integralisti repubblicani e democratici, i quali, già al loro tempo, presero atto della realtà davanti all'evidenza dei fatti e, con onestà intellettuale, accettarono la verità, benché a malincuore. È il caso di due campioni del Risorgimento e dell'ideale di repubblica e democrazia, cui hanno dato le migliori energie delle loro vite: **Giuseppe Garibaldi** (1807-1882) e **Francesco Crispi** (1818-1901). Entrambi si "convertirono" alla Monarchia, naturalmente quella costituzionale. Non si poteva chiedere di più a dei massoni e laicisti, perché, in quanto tali, non potevano, nella loro visione immanentistica della realtà, concepire la trascendenza del divino, oltre i limiti materiali del creato[48]. Comunque non è cosa da poco, per loro, repubblicani convinti e incalliti, riconoscere realisticamente che la Monarchia costituzionale è meglio della Repubblica democratica.

Giuseppe Garibaldi, mazziniano della prima ora, nella sua vita avventurosa e tumultuosa fu il comandante (sconfitto) della difesa della Repubblica Romana (1849). Garibaldi si confermò, anche in quell'occasione, un convinto repubblicano democratico. Infatti il primo dei princìpi fondamentali della Costituzione di detta repubblica proclamava: *"La sovranità è per diritto eterno nel popolo. Il popolo dello Stato Romano è costituito in repubblica democratica"*. Eppure fu proprio la tragica fine di quella repubblica (e anche l'aver visto da vicino come funzionava) a mettere in crisi la sua fede repubblicana. Così maturò l'idea che l'unità d'Italia l'avrebbe potuta fare solo la Monarchia (costituzionale) di Casa Savoia, e si mise al suo servizio. Fu proprio Garibaldi, nell'Incontro di Teano (26 ottobre 1860) ad "incoronare" Vittorio Emanuele II: *"Saluto il primo re d'Italia!"*. Quel saluto fu possibile perché contestualmente Garibaldi conferiva al Re il Regno delle Due Sicilie, ormai quasi completamente conquistato. Con questa decisione Garibaldi deluse le speranze repubblicane di Mazzini e seguaci, che vagheggiano una repubblica dell'ex-regno del Sud insieme con il Lazio pontificio, primo nucleo di una auspicata Repubblica italiana.

Francesco Crispi andò oltre: *"La Monarchia ci ha unito, la Repubblica ci dividerebbe"*. Andò oltre Garibaldi perché riconobbe che la Repubblica (democratica) è divisiva per sua stessa natura. Anch'egli,

---

48) Se uno nega l'esistenza di Dio o vuole esserGli antagonista, non accetta di riconoscere che la sovranità è solo quella divina, e tanto meno la **sovranità di elezione divina** concessa ad un essere umano prescelto e consacrato. A costoro – per ben che vada – non resta che riconoscere l'eccellenza della sola sovranità costituzionale sulla repubblica. Non possono andare oltre.

uomo della Sinistra storica e fervente mazziniano, ebbe un ruolo molto importante nel Risorgimento, e specialmente nella "Spedizione dei Mille" (1860). Fu anche capo del governo dello Stato unitario d'Italia (1887-1891 e 1893-1896). Anch'egli, dopo tante esperienze, anche ai massimi livelli di responsabilità, arrivò alla conclusione che, per il bene dell'Italia unita, la soluzione istituzionale migliore doveva essere la Monarchia. Infatti, anche quella costituzionale, ha oggettivamente molto meno difetti della repubblica democratica.

3.3 – Statuto Albertino: cosa non ha funzionato

Non ha funzionato proprio l'essenza "democratica", che Carlo Alberto ha voluto inserire – contro natura – nel suo Statuto. L'ha fatto consapevolmente, perché aspirava a diventare l'eroe nazionale del Risorgimento, colui che avrebbe unito l'Italia. E prima ancora (come condizione indispensabile *sine qua non*) colui che sarebbe riuscito a mettere insieme – in un compromesso politico accettabile – cattolici e laicisti, repubblicani e monarchici, rivoluzionari e legittimisti. Dunque un compromesso necessario di "unità" politica per giungere all'unità nazionale; lo Statuto come merce di scambio necessaria per la sua investitura unitaria a *leader* unico e indiscusso, *super partes*, degli italiani. Qui è venuto meno l'uomo di fede nella Provvidenza divina dell'altalenante Carlo Alberto. Dietro l'investitura degli uomini c'è l'investitura di Satana; **se accetti l'investitura degli uomini, non puoi avere l'investitura di Dio**. Proprio questo è stato l'errore madornale che commise Carlo Alberto: dopo otto secoli e mezzo di Dinastia, rinunciare alla sovranità di elezione divina (per sé e per i suoi discendenti)[49] per mettersi nelle mani di rivoluzionari satanisti, condividendo il Trono

---

49) La scelta di Carlo Alberto, ha pesato sui suoi quattro successori, fino a condurre all'estinzione della Monarchia costituzionale. La restaurazione non può che ripartire da un ramo dinastico rimasto estraneo alle scelte di Carlo Alberto e dei suoi successori: questo è il ramo dei Savoia-Aosta. Naturalmente il ramo Savoia-Carignano continuerebbe a far parte della famiglia reale e potrebbe, in teoria, ritornare sul trono per effetto della legge salica, se saprà riappropriarsi delle condizioni necessarie.)

con loro, e in posizione subalterna. Carlo Alberto si è messo da solo le manette ai polsi, e ha dato la chiave agli anticristi rivoluzionari.

I nostri "eroi" del Risorgimento erano consapevoli di dove ci avrebbero portato con la Monarchia costituzionale? Molti di loro erano certamente degli idealisti ingenui, ma i grandi capi lavoravano per la Massoneria mondiale, e solo costoro, nei loro conciliaboli segreti, erano a conoscenza dei programmi di lungo termine e degli obiettivi finali.

Voglio citare due episodi occorsi a Carlo Alberto, uno prima e l'altro dopo la concessione dello Statuto. Il primo è del 1846, e riguardava la nascente opera degli Oratori di don Bosco. Il Santo aveva raccolto a Torino, in quei tempi in rapida crescita, centinaia di giovani venuti in città da ogni parte del Regno a cercare fortuna, spesso lontani dalla famiglia, soli e sbandati. Li formava spiritualmente e anche con corsi di alfabetizzazione (non pochi erano analfabeti), e così pure li istruiva con i primi rudimenti di formazione professionale. Questo attirò al sacerdote diffuse simpatie, ma anche non pochi nemici influenti, fra i laici, i massoni e i protestanti della città. Costoro erano sul punto di riuscire a far chiudere gli oratori di don Bosco, ma lo stesso re Carlo Alberto, con decisione sovrana, lo impedì, mettendo l'opera di don Bosco sotto la sua protezione e periodicamente assegnò anche delle somme di denaro al sacerdote perché potesse continuare nella sua opera così altamente meritoria.

Nel 1848, dopo la concessione dello Statuto, il Re fu amareggiato da una decisione del governo costituzionale: l'espulsione di tutti i padri Gesuiti non nativi nel Regno. Con molto rammarico Carlo Alberto dovette accettare questa decisione (per correttezza costituzionale), che pur in coscienza aborriva. Cominciò così, e alla grande, la persecuzione massonica contro la Chiesa (che Carlo Alberto non avrebbe mai voluto), grazie ai governi costituzionali. Sono passati 176 anni e pochi giorni fa (venerdì 15 novembre 2024) il presidente Mattarella, dialogando con un gruppo di studenti, ammise che talvolta anch'egli firma delle leggi – che in coscienza non condivide e non approva – per pura "correttezza costituzionale". A prima vista questo può apparire un gesto virtuoso, ma non è così[50]. È la riprova che la democrazia – che sia una monarchia costituzionale o una repubblica democratica – **non può garantire il buongoverno**, perché è fonte di divisioni, basate sulla pluralità dei pareri, e soprattutto perché chi è al vertice dello Stato non può agire liberamente, in coscienza, per il bene del popolo che è posto alla sua cura e sotto la sua autorità. Questo vale, in democrazia, a tutti i livelli decisionali. Allora perché si parla tanto di libertà democratiche, se perfino in capo dello Stato non è libero di seguire la sua coscienza? Catone Uticense e Dante fecero scelte etiche diverse.

Naturalmente la "correttezza costituzionale" non ha niente a che vedere con la giustizia divina. Ma questa è un'altra storia. Ogni cosa a suo tempo. Carlo Alberto, per ottenere l'ingannevole investitura degli uomini (sogno ambizioso, che in realtà si è dimostrato per lui un ingannevole miraggio, e per noi un incubo) fu dunque costretto a mettere insieme sovranità e democrazia. Così cadde infine nel tranello che i "patrioti" massoni gli avevano teso sin dai moti del 1821.

La democrazia è un corpo estraneo, antitetico, che fa a pugni con il concetto di sovranità; più che un corpo estraneo è un anticorpo letale. Voler mescolare il sacro e il profano non regge, e causa un conflitto mortale fra le due essenze, ciascuna delle quali è per sua natura assolutistica ed esclusivistica. In questo connubio innaturale, chi ha avuto la peggio è stato il "sacro", non il profano. Anzi, il Sacro è stato profanato.

La monarchia costituzionale è un qualcosa di precario nella sua essenza impropria; è una formula in equilibrio instabile su un piano inclinato, che prima o poi conduce alla repubblica. È inevitabile che sia così, e così è stato.

Risultato di 76 anni di repubblica democratica: Il popolo italiano è stato snaturato ed è in via di estinzione (ogni anno le morti superano le nascite); oggi è più che mai sbandato, diviso e depresso (perché si sente oppresso), senza speranza, senza aver chiara la causa di tutto ciò.

---

50) Il popolo vuole che chi ha autorità ed esercita il potere al massimo livello sia il primo ad agire secondo la sua retta coscienza, come d'altra parte tutti devono fare. Qui si vede molto bene che il sistema non sta in piedi, che le regole democratiche non hanno niente a che fare con l'etica e la morale; che quando in democrazia si parla di giustizia si parla a vanvera.

E la Patria? Rimpianta: *"... sì bella e perduta"*.
Perché tutto questo? C'è stata una guerra disastrosa? No. Solo 76 anni di *pax democratica*, di cui i primi 44 di *pax democristiana*. Oggi ci sovrasta una terribile guerra, che tuttavia potrebbe mettere fine a questo tempo infausto. Voltiamo pagina.

3.4 – Correggere, non cancellare

Lo Statuto Albertino del Regno d'Italia, al di là di qualsiasi giudizio di legittimità e di valore, ha avuto una grande importanza nella nostra storia nazionale. È durato un secolo (1848-1948), e non un secolo qualsiasi: il secolo dell'unità nazionale, la quale è avvenuta come è avvenuta (la Storia non si fa con i se e con i ma). Il fatto è che è avvenuta; questo è quello che, da allora, conta. Il sogno delle anime più nobili, che ha percorso tutta la storia e la letteratura nazionale, si è alfine avverato: l'unità della Nazione.
Sembrava un sogno impossibile... Eppure, accanto all'anelito delle anime più nobili e illustri, quante speranze e sacrifici di un intero popolo!
La Costituzione della Repubblica italiana (1948-2025) è durata molto meno: 77 anni, al presente. Se lo Statuto ci ha unito, la Costituzione è stata in grado di preservare intatta questa unità, lo slancio ideale, il fervore degli animi, i sacrifici condivisi, l'unanimità dei valori?
La Storia non si può cancellare.
Non possiamo far finta che il secolo dello Statuto non ci sia stato e non abbia prodotto ciò che ha prodotto. Ma è altrettanto vero che indietro non si torna. Perché la Storia sia davvero maestra di vita, va studiata per non ripetere acriticamente gli stessi errori del passato. Per ripartire, la Monarchia di elezione divina ha bisogno di essere emendata da quegli errori che l'hanno condotta all'estinzione. Lo Statuto Albertino rimanga, con pochi ma sostanziali cambiamenti, indicati nel prosieguo (cap. 4) perché comunque è stato il grande strumento storico dell'unità nazionale, e non solo.
In fin dei conti, quello che io propongo è una versione emendata dello Statuto Albertino.

Una Monarchia costituzionale, nella forma, ma intatta nella sua sacralità di elezione divina. Una Monarchia corretta, invece che una repubblica intrinsecamente corrotta e non emendabile.

Ripartiamo – a Dio piacendo – da un Re di elezione divina, intatto nella sua sacralità, a fondamento dell'unità morale e spirituale della Nazione. Non basta volerlo, come popolo dobbiamo meritarcelo. E Dio solo sa quanto l'Italia d'oggi abbia bisogno di una rinascita nei suoi valori fondativi ed eterni. Correzione, dunque, non cancellazione, perché la Patria viva ed abbia un futuro degno di essere vissuto.

4.
Il ritorno del Re.
Uno Statuto per il futuro

Intervengo sul testo dello Statuto Albertino del 4 marzo 1848 con mie considerazioni e conseguenti proposte di modifiche ad alcuni articoli, per espungere ed espurgare il testo da tutti gli influssi demagogici d'impronta massonico-democratica, in modo tale che sia idoneo a restaurare la Monarchia in Italia, e sia fedele all'investitura divina e alla migliore Storia nazionale.

Le modifiche proposte le ho fatte all'interno del testo originale; le note a piè di pagina vertono su altri contenuti. Ecco il testo originale con le modifiche che propongo:

"Con lealtà di Re e con affetto di Padre Noi veniamo oggi a compiere quanto avevamo annunziato ai Nostri amatissimi sudditi con Nostro proclama dell'8 dell'ultimo scorso febbraio, con cui abbiamo voluto dimostrare, in mezzo agli eventi straordinari che circondavano il paese, come la Nostra confidenza in loro crescesse colla gravità delle circostanze[51], e come, prendendo unicamente consiglio dagli impulsi del Nostro cuore, fosse ferma Nostra intenzione di confermare le loro sorti alla ragione dei tempi, agli interessi ed alla dignità della Nazione. Considerando Noi le larghe e forti istituzioni rappresentative conte-

---

51) Ecco l'abbaglio che ha fatto decidere Carlo Alberto: il non voler riconoscere che fra il popolo c'erano autentici rivoluzionari (che egli pur aveva già conosciuti da vicino nei moti del 1821) e, ignorando (inconsapevolmente?) la reale pericolosità delle loro richieste e il punto di arrivo della loro strategia, decise lo stesso di volersi mettere a capo del movimento democratico. In realtà si mise al servizio di costoro, e non viceversa.

nute nel presente Statuto fondamentale come un mezzo il più sicuro di raddoppiare quei vincoli d'indissolubile affetto che stringono all'itala Nostra Corona un Popolo, che tante prove Ci ha dato di fede, d'obbedienza e d'amore, abbiamo determinato di sancirlo e promulgarlo, nella fiducia che Iddio benedirà le pure Nostre intenzioni[52] e che la Nazione libera, forte e felice, si mostrerà sempre più degna dell'antica fama, e saprà meritarsi un glorioso avvenire[53].

*Perciò di Nostra certa scienza, Regia autorità, avuto il parere del Nostro Consiglio, abbiamo ordinato e ordiniamo in forza di **Statuto e Legge Fondamentale, perpetua ed irrevocabile della Monarchia**[54], quanto segue:*

Art. 1. *La Religione Cattolica, Apostolica e Romana è la sola Religione dello Stato. Gli altri culti ora esistenti sono tollerati conformemente alle leggi[55].*

[2.] Lo Stato è retto da un Governo Monarchico Rappresentativo *[sostituire 'rappresentativo': di nomina regia]. Il trono è ereditario secondo la legge salica.*

3. *Il potere legislativo sarà collettivamente esercitato dal Re e da due Camere. Il Senato, e quella dei Deputati.*

---

52) Al di là delle dichiarate intenzioni, Carlo Alberto lascia consapevolmente l'investitura divina e cerca l'investitura degli uomini.

53) Purtroppo il tempo è galantuomo. Non bastano le speranze e nemmeno le pretese buone intenzioni…

54) Carlo Alberto e i quattro re d'Italia suoi successori non hanno mai revocato lo Statuto. Si ricordi che questa richiesta fu espressamente fatta dall'Austria, fra le condizioni di pace, dopo la sconfitta di Novara (1849), e non fu accettata. Sono stati i governi costituzionali a tradirlo. Mussolini snaturò lo Statuto, instaurando la dittatura fascista; De Gasperi, tradendo il giuramento al Re, si autoproclamò Capo provvisorio dello Stato e impose illegittimamente la repubblica in Italia (e sappiamo in che modo.

55) Nello Statuto Carlo Alberto concepisce lo Stato non come laico, ma cattolico, nel senso che riconosce e tutela la fede religiosa della stragrande maggioranza della popolazione, e questo in linea perfetta con la tradizione sovrana plurisecolare del Regno. Implicitamente lo Statuto riconosce pertanto anche l'importanza spirituale, oltre che sociale, dei Pastori della Chiesa, come bene fondamentale della Nazione; importanza, questa, totalmente ignorata dalla Costituzione della Repubblica.

4. La persona del Re è sacra ed inviolabile.

[5.] Al Re solo appartiene il potere esecutivo. Egli è il Capo supremo dello Stato: comanda tutte le forze di terra e di mare: dichiara la guerra; fa i trattati di pace, d'alleanza, di commercio ed altri, dandone notizia alle Camere tosto che l'interesse e la sicurezza dello Stato il permettano, ed unendovi le comunicazioni opportune. I trattati che importassero un onere alle finanze, o variazione di territorio dello Stato, non avranno effetto se non dopo ottenuto l'assenso delle Camere. [eliminare la parte sottolineata.]

6. Il Re nomina tutte le cariche dello Stato e fa i decreti e regolamenti necessari per l'esecuzione delle leggi, senza sospenderne l'osservanza, o dispensarne.

7. Il Re solo sanziona le leggi e le promulga.

8. Il Re può far grazia , e commutare le pene.

9. Il Re convoca ogni anno le due Camere: può prorogarne le sessioni, e disciogliere quella dei Deputati; ma in quest'ultimo caso ne convoca un'altra nel termine di quattro mesi.

[10.] La proposizione delle leggi spetterà al Re ed a ciascuna delle due Camere. Però ogni legge d'imposizione di tributi, o di approvazione dei bilanci e dei conti dello Stato, sarà presentata prima alla Camera dei Deputati. [Questa norma è inutile in questa stesura corretta dello Statuto. La parte sottolineata va eliminata.]

11. Il Re è maggiore all'età di diciotto anni compiuti.

12. Durante la minorità del Re, il Principe suo più prossimo parente nell'ordine della successione al Trono, sarà Reggente del Regno, se ha compiuto anni ventuno.

13. Se, per minorità del Principe chiamato alla Reggenza, questa è devoluta ad un parente più lontano, il Reggente che sarà entrato in esercizio, conserverà la Reggenza fino alla maggiorità del Re.

14. In mancanza di parenti maschi, la Reggenza apparterrà alla Regina Madre.

15. Se manca anche la Madre, le Camere convocate fra dieci giorni dai Ministri, nomineranno il Reggente.

16. Le disposizioni precedenti relative alla Reggenza sono applicabili al caso in cui il Re maggiore si trovi nella fisica impossibilità di regna-re. Però, se l'erede presuntivo del Trono ha compiuto diciotto anni, egli sarà in tal caso di pien diritto il Reggente.

17. La Regina Madre è tutrice del Re finché egli abbia compiuta l'età di sette anni: da questo punto la tutela passa al Reggente.

18. I diritti spettanti alla podestà civile in materia beneficiaria, o con-cernenti all'esecuzione delle Provvisioni d'ogni natura provenienti dall'estero, saranno esercitati dal Re.

[19.] La dotazione della Corona è conservata durante il regno attuale quale risulterà dalla media degli ultimi dieci anni. [La norma oggi è impraticabile. Si può ripartire dalla dotazione del Presidente della Repubblica, sperando vivamente in un importante taglio delle spese[56].]

Il Re continuerà ad avere l'uso dei Reali palazzi, ville e giardini e di-pendenze, non che di tutti indistintamente i beni mobili spettanti alla Corona, di cui sarà fatto inventario a diligenza di un Ministro respon-sabile.

Per l'avvenire la dotazione predetta verrà stabilita per la durata di ogni Regno dalla prima legislatura, dopo l'avvenimento del Re al Trono.

20. Oltre i beni, che il Re attualmente possiede in proprio, formeranno il privato patrimonio ancora quelli che potesse in seguito acquistare a titolo oneroso o gratuito, durante il suo Regno.

Il Re può disporre del suo patrimonio privato sia per atti fra vivi, sia per testamento, senza essere tenuto alle regole delle leggi civili, che limitano la quantità disponibile. Nel rimanente patrimonio del Re è soggetto alle leggi che reggono le altre proprietà.

21. Sarà provveduto per legge ad un assegnamento annuo pel Prin-cipe ereditario giunto alla maggiorità, od anche prima in occasione di matrimonio, all'accoppiamento dei Principi della Famiglia e del Sangue Reale nelle condizioni predette; alle doti delle Principesse; ed al dovario delle Regine.

---

56) La Presidenza della Repubblica italiana costa all'anno **224 milioni di euro!** (con 1.000 dipendenti); la Corona britannica costa al Regno Unito **80 milioni di sterline** all'anno (con 450 dipendenti

[22.] Il Re, salendo al Trono, presta in presenza delle Camere riunite il giuramento di osservare lealmente il presente Statuto. [Abolito.]

[23.] Il Reggente, prima di entrare in funzioni, presta il giuramento di essere fedele al Re, e di osservare lealmente lo Statuto e le leggi dello Stato. [Abolita la parte sottolineata.]

Dei diritti e dei doveri dei cittadini

24. Tutti i regnicoli, qualunque sia il loro titolo o grado, sono eguali dinanzi alla legge.

Tutti godono egualmente i diritti civili e politici, e sono ammessibili alle cariche civili e militari, salve le eccezioni determinate dalle Leggi.

25. Essi contribuiscono indistintamente, nella proporzione dei loro averi, ai carichi dello Stato.

26. La libertà individuale è guarentita.

Niuno può essere arrestato, o tradotto in giudizio, se non nei casi previsti dalla legge, e nelle forme ch'essa prescrive.

27. Il domicilio è inviolabile. Niuna visita domiciliare può aver luogo se non in forza della legge, e nelle forme ch'essa prescrive.

28. La Stampa sarà libera, ma una legge ne reprime gli abusi.

Tuttavia le bibbie, i catechismi, i libri liturgici e di preghiere non potranno essere stampati senza il preventivo permesso del Vescovo.

29. Tutte le proprietà, senza alcuna eccezione, sono inviolabili.

Tuttavia, quando l'interesse pubblico legalmente accertato lo esiga, si può essere tenuti a cederle in tutto od in parte, mediante una giusta indennità conformemente alle leggi.

[30.] Nessun tributo può essere imposto o riscosso se non è stato consentito dalle Camere [correzione: se non è stato sottoposto al parere delle Camere] *e sanzionato dal Re.*

31. Il debito pubblico è guarentito.

Ogni impegno dello Stato verso i suoi creditori è inviolabile.

32. È riconosciuto il diritto di adunarsi pacificamente e senz'armi, uniformandosi alle leggi che possono regolare l'esercizio nell'interes-

se della cosa pubblica.

Questa disposizione non è applicabile alle adunanze in luoghi pubblici, od aperti al pubblico, i quali rimangono intieramente soggetti alle leggi di polizia.

Del Senato.

[lo Statuto contiene degli spunti di grande interesse. Il Senato è uno di questi. Carlo Alberto ha concepito il bicameralismo con una netta distinzione fra il Senato, a nomina regia, a vita, e con un numero di membri non limitato, e la Camera dei Deputati, elettiva da parte del popolo, a scadenza. Questo bicameralismo dello Statuto, così concepito, supera di molto per qualità e rappresentatività del popolo l'attuale Parlamento repubblicano. **Nella visione di Carlo Alberto, il Senato deve rappresentare il meglio oggettivo della Nazione**, al di sopra di tutti i giochi e compromessi politici. I membri vengono nominati per la loro moralità e i loro meriti e capacità dimostrata – con libera scelta sovrana – , senza tener conto d'altro. Ne fanno parte persone di età dai quarant'anni in su, che a vario titolo hanno illustrato la Patria: vescovi ed arcivescovi della Chiesa Cattolica[57], funzionari di lungo corso, che hanno servito lo Stato con un impeccabile *cursus honorum*, artisti, scienziati, personalità benemerite a vario titolo, perfino i maggiori contribuenti dello Stato. Anche questi sono riconosciuti come benefattori dello Stato.

Il Senato della Repubblica, in confronto, rivela tutti i suoi limiti. Anche questo ramo del Parlamento è diventato elettivo e quindi politicizzato, perciò senza una particolare differenziazione rispetto alla Camera dei Deputati. Sono stati conservati solo cinque senatori a vita, per "meriti" speciali. Le virgolette, in questo caso, sono d'obbligo, perché li nomina il Presidente della Repubblica, cioè un personaggio politico di lungo corso, scelto nell'agone politico[58].

---

57) Vedi nota all'art, 1.

58) Guarda caso, tutti i senatori a vita nominati dagli ultimi Presidenti sono di Sinistra, almeno come area di appartenenza, anche se non sempre hanno la tessera di un particolare partito politico in tasca (non sarebbe comunque difficile indovinare quale

E proprio perché il Senato repubblicano non rappresenta più il meglio della Nazione, essendo diventato sostanzialmente un doppione della Camera, e altrettanto impegnato nella lotta politica e partitica, più volte si è parlato di sopprimerlo, se non altro per risparmiare i soldi che costa (e non sono pochi) per mantenerlo in vita. La tentazione è comprensibile, perché è diventato inutile. In più ha l'anomalia dei cinque senatori a vita di nomina presidenziale. Questo è ciò che rimane dell'antica eccellenza del Senato albertino, e anche questo ci fa capire la differenza di valore fra i due modelli di Senato. Ora, dal punto di vista della consistenza numerica dei vari schieramenti politici presenti in Senato, cinque voti in più o in meno possono fare la differenza, e in più occasioni importanti l'hanno fatta. Dunque un'utilizzazione politica meschina e impropria di un riconoscimento di valore che dovrebbe essere al merito, *ad personam*, e che per sua natura dovrebbe essere *super partes*. Tutto ci dice la pochezza morale delle attuali istituzioni rappresentative.]

33. *Il Senato è composto di membri nominati a vita dal Re, in numero non limitato, aventi l'età di quaranta anni compiuti, e scelti nelle categorie:*
1° Gli Arcivescovi e Vescovi dello Stato;
2° Il Presidente della Camera dei Deputati;
3° I Deputati dopo tre legislature, o sei anni di esercizio;
4° I Ministri di Stato;
5° I Ministri Segretari di Stato;
6° Gli Ambasciatori;
7° Gli Inviati straordinari, dopo tre anni di funzioni;
8° I Primi Presidenti e Presidenti del Magistrato di Cassazione e della Camera dei Conti;
9° I Primi Presidenti dei Magistrati d'appello;

---

potrebbe essere). Da più parti era stata auspicata la nomina di Franco Zeffirelli (notoriamente non di Sinistra) a senatore a vita, ma, nonostante i suoi indiscussi meriti artistici, evidentemente non è stato ritenuto all'altezza.

10° L'Avvocato Generale presso il Magistrato di Cassazione, ed i Procuratore Generale dopo cinque anni di funzioni;

11° I Presidenti di Classe dei Magistrati di appello, dopo tre anni di funzioni;

12° I Consiglieri del Magistrato di Cassazione e della Camera dei Conti, dopo cinque anni di funzioni;

13° Gli Avvocati Generali o Fiscali Generali presso i Magistrati di Appello, dopo cinque anni di funzioni;

14° Gli Uffiziali Generali di terra e di mare. Tuttavia i Maggiori Generali e i Contr'Ammiragli dovranno avere da cinque anni quel grado di attività;

15° I Consiglieri di Stato, dopo cinque anni di funzioni;

16° I Membri dei Consigli di Divisione, dopo tre elezioni alla loro presidenza;

17° Gli Intendenti Generali, dopo tre anni di esercizio;

18° I Membri della Regia Accademia delle scienze , dopo sette anni dei nomina;

19° I Membri ordinari del Consiglio superiore di Istruzione Pubblica, dopo tre anni di esercizio;

20° Coloro che con servizi o meriti eminenti avranno illustrata la Patria;

21° Le persone, che da tre anni pagano tre mila lire d'imposizione diretta in ragione de' loro beni, o della loro industria.

34. *I Principi della Famiglia Reale fanno di pien diritto parte del Senato. Essi seggono immediatamente dopo il Presidente. Entrano in Senato a ventun anno, ed hanno voto a venticinque.*

35. *Il Presidente e i Vice Presidenti del Senato sono nominati dal Re.*

36. *Il Senato è costituito in Alta Corte di Giustizia con decreto del Re per giudicare dei crimini di alto tradimento, e di attentato alla sicurezza dello Stato, e per giudicare i Ministri accusati dalla Camera dei Deputati.*

In questi casi il Senato non è corpo politico. Esso non può occuparsi se non degli affari giudiziari, per cui fu convocato, sotto pena di nullità.

37. *Fuori del caso di flagrante delitto, niun Senatore può essere arre-*

stato se non in forza di un ordine del Senato. Esso è solo competente per giudicare di reati imputabili ai suoi membri.

***38.** Gli atti, coi quali si accertano legalmente le nascite, i matrimoni e le morti dei Membri della Famiglia Reale, sono presentati al Senato, che ordina il deposito ne' suoi archivi.*

Della Camera dei Deputati.

[Questo è il punto dolente dello Statuto Albertino, quello che più è stato influenzato dallo spirito giacobino e massonico, condizionando tutto il resto dello Statuto. Lo spirito che l'ha ispirato è continuato anche nella Camera dei Deputati repubblicana. È il trionfo – istituzionalizzato – della politica intesa come scontro intestino fra partiti e relative fazioni interne, a totale detrimento dello Stato. Scontro per la conquista del potere per il potere, non certo per il bene del popolo e dello Stato, che tanto viene blaterato. Evito di descrivere i particolari in cui si esprime questa furibonda lotta quotidiana, che è sotto gli occhi di tutti, ed è iniziata proprio con la concessione dello Statuto, perché – secondo l'ispirazione massonico-giacobina – questa è l'anima della democrazia.

Concepire il bicameralismo (Senato e Camera) è stata una cosa buona dello Statuto. Va bene che i Senatori siano di nomina regia e i Deputati di elezione popolare. Questo permette una scelta da due punti di vista diversi: del Sovrano e del popolo, e con più fedeltà rappresenta l'intera Nazione. Ciò che non va bene è la natura impropria, perché democratica, che Carlo Alberto ha voluto attribuire ai deputati. Questo è stato Il punto debole, che poi è diventato il punto di forza per sovvertire l'ordinamento monarchico. Il partitismo è l'essenza infausta della democrazia.

Qual è allora il giusto contrappeso all'eccellenza del Senato? L'eccellenza che deve acquisire anche la Camera dei Deputati. In che modo? Trasformando la Camera dei Deputati in una rappresentanza di qualità del popolo italiano, scegliendo il meglio del meglio. Ecco la mia proposta:

1) – La rappresentatività del popolo italiano va purificata, evitando che

sia inquinata da ideologie e interessi di parte (o di singole persone). **I candidati vanno eletti per il loro *curriculum vitae* personale**, per capire come il candidato è vissuto e cosa è stato capace di realizzare nella sua vita, non per le idee stravaganti, sue o di professionisti della politica campati in aria, nel senso che non hanno mai conosciuto da vicino la vita della gente comune; al candidato non si deve dare una cambiale in bianco perché possa – a parole – realizzare i suoi sogni (o incubi), usciti dal cassetto delle sue fantasticherie. La gente deve poter scegliere fra i migliori, non per l'appartenenza a fazioni politiche (partiti) e ai giochi di potere fra le varie fazioni all'interno dei singoli partiti. Il *curriculum vitae* deve essere il criterio per eleggere un rappresentante del popolo affidabile, se si vuole avere delle istituzioni sane. **Quindi scelta di persone, non di partiti.**

2) – Al fine di garantire la rappresentatività nazionale, ci siano elezioni comunali, di circondario (da istituire) e provinciali; questi sono ambiti in cui c'è una certa conoscenza diretta dei candidati da parte degli elettori. Per quanto riguarda la rappresentanza regionale, essa dovrebbe essere costituita da comitati di cooperazione interprovinciale su base regionale, e/o, per certi progetti, semplicemente interprovinciale, per le province coinvolte in singoli progetti.

A livello provinciale si selezionino i candidati da proporre per la Camera dei Deputati. Il loro numero sia in proporzione al numero di abitanti di quella provincia, dividendo i posti disponibili per il numero di abitanti delle singole province. In questa visione i partiti non hanno alcuna influenza diretta sulla scelta e l'appoggio da dare ai candidati, e possono continuare ad esistere (se proprio lo ritengono utile), come semplici circoli culturali. Ripeto: i candidati pubblicizzino il loro *curriculum vitae*, e NON siano ammessi i simboli di partito sulle schede elettorali.

3) – il candidato non presenta un programma elettorale (per carità di patria, viene così esentato dal dire bugie). Nessun elettore deve firmare una "cambiale in bianco" con il candidato, il quale sarà scelto dai suoi elettori sulla base della sua moralità personale, rettitudine, serietà, competenza, affidabilità e virtù etiche, non per le promesse impossibili

che fa. Per questo l'elezione deve essere fatta a livello locale, dove è possibile la conoscenza diretta di chi sostiene la sua candidatura. L'elezione è ad un incarico locale, al massimo a livello di provincia. Alla Camera dei Deputati si vada dunque per selezione qualitativa operata da coloro che sono stati eletti ai consigli provinciali, sempre sulla base dei *curricula*, non dai condizionamenti mediatici o dei partiti.

4) – i consigli eletti ai vari livelli (compresa la Camera dei Deputati e il Senato) abbiano solo **funzioni puramente consultive e propositive**, cosicché non facciano battaglie ideologiche per partito preso, ma cooperino con la loro competenza e moralità al bene pubblico, sia come partecipi del potere legislativo, proponendo leggi, lavorando nelle commissioni di studio e/o suggerendo interventi governativi nei vari campi, portando le istanze dei loro territori. Naturalmente si esprimano anche sul gradimento del governo, ma non abbiano il potere decisionale di farlo cadere, perché la decisione finale di nomina o di revoca spetta al Sovrano. Ecco in che modo radicale viene bonificata (proprio letteralmente: 'resa buona') la vita politica per il bene della Nazione, e non con risse continue per imporre la propria ideologia.]

39. *La Camera elettiva è composta di Deputati scelti dai Collegi elettorali conformemente alla legge.*

40. *Nessun Deputato può essere ammesso alla Camera, se non è suddito del Re, non ha compiuta l'età di trent'anni, non gode i diritti civili e politici, e non riunisce in sé gli altri requisiti voluti dalla legge.*

41. *I Deputati rappresentano la Nazione in generale, e non le sole provincie in cui furono eletti.*

Nessun mandato imperativo può loro darsi dagli elettori.

42. *I Deputati sono eletti per cinque anni; il loro mandato cessa di pieno diritto alla spirazione di questo termine.*

43. *Il Presidente, i Vice Presidenti e i Segretari della Camera dei Deputati sono da essa stessa nominati nel proprio seno al principio d'ogni sessione per tutta la durata.*

44. *Se un Deputato cessa, per qualunque motivo, dalle sue funzioni, il Collegio che l'aveva eletto sarà tosto convocato per fare una nuova elezione.*

45. Nessun Deputato può essere arrestato, fuori del caso di flagrante delitto, nel tempo della sessione, né tradotto in giudizio in materia criminale, senza previo consenso della Camera.

46. Non può eseguirsi alcun mandato di cattura per debiti contro di un deputato durante la sessione della Camera, come neppure nelle tre settimane precedenti e susseguenti alla medesima.

47. La Camera dei Deputati ha il diritto di accusare i Ministri del Re, e di tradurli dinanzi all'Alta Corte di Giustizia.

Disposizioni comuni alle due Camere.

48. Le sessioni del Senato e della Camera dei Deputati cominciano e finiscono nello stesso tempo.

Ogni riunione di una Camera fuori del tempo della sessione dell'altra è illegale, e gli atti ne sono intieramente nulli.

49. I Senatori ed i Deputati prima di essere ammessi all'esercizio delle loro funzioni prestano il giuramento di essere fedeli al Re, di osservare lealmente lo Statuto e le leggi dello Stato, e di esercitare le loro funzioni col solo scopo del bene inseparabile del Re e della Patria.

[50.] <u>Le funzioni di Senatore e Deputato non danno luogo ad alcuna retribuzione od indennità</u>. [Troppo bello! L'approvazione del popolo sarebbe entusiastica, ma dobbiamo guardarci dal creare possibili ingiustizie. È sbagliato che chi non ha mai lavorato in vita sua abbia dalla politica un trattamento economico (e pensionistico) assolutamente da privilegiato, a spese della politica, cioè dei contribuenti. Ma è altrettanto sbagliato che, se uno è povero, non possa permettersi di essere un rappresentante del popolo. Io proporrei questa soluzione: ognuno riceva dallo Stato per il suo servizio esattamente quello che prenderebbe se continuasse a lavorare nel suo lavoro. Si potrebbe anche stabilire un tetto massimo, per evitare abusi o un eccessivo dispendio per le casse dello Stato. Naturalmente questo trattamento varrebbe solo per i Deputati, non per i Senatori, data la loro particolare connotazione che è loro riconosciuta. A meno che – per scelta del Sovrano – non decida di dare dei sussidi veramente limitati a casi di vera e propria

indigenza.]

51. *I Senatori ed i Deputati non sono sindacabili per ragione delle opinioni da loro emesse e dei voti dati nelle Camere.*

[52.] Le sedute delle Camere sono pubbliche.
Ma quando dieci membri ne facciano per iscritto la domanda, esse possono deliberare in segreto. [Questa norma la toglierei.]

53. *Le sedute e le deliberazioni delle Camere non sono legali né valide, se la maggioranza assoluta dei loro membri non è presente.*

54. *Le deliberazioni non possono essere prese se non alla maggioranza de' voti.*

55. *Ogni proposta di legge debb'essere dapprima esaminata dalle Giunte che saranno da ciascuna Camera nominate per i lavori preparatori. Discussa ed approvata da una Camera, la proposta sarà trasmessa all'altra per la discussione ed approvazione; e poi presentata alla sanzione del Re. Le discussioni si faranno articolo per articolo.*

56. *Se un progetto di legge è stato rigettato da uno dei tre poteri legislativi, non potrà essere riprodotto nella stessa sessione.*

57. *Ognuno che sia maggiorenne di età ha diritto di mandare petizioni alle Camere, le quali debbono farle esaminare da una Giunta, e, dopo la relazione della medesima, deliberare se debbano essere prese in considerazione, ed, in caso affermativo, mandarsi al Ministero competente, o depositarsi negli uffizi per gli opportuni riguardi.*

58. *Niuna petizione può essere presentata personalmente alle Camere. Le Autorità costituite hanno solo il diritto di indirizzare petizioni in nome collettivo.*

59. *Le Camere non possono ricevere alcuna deputazione, né sentire altri, fuori dei propri membri, dei Ministri, e dei Commissari del Governo.*

60. *Ognuna delle Camere è sola competente per giudicare della validità dei titoli di ammissione dei propri membri.*

61. *Così il Senato, come la Camera dei Deputati, determina, per mezzo d'un suo Regolamento interno, il modo secondo il quale abbia da esercitare le proprie attribuzioni.*

[62.] La lingua italiana è lingua ufficiale delle Camere. È però facoltativo di servirsi della francese ai membri, che appartengono ai

paesi , in cui questa è in uso, od in risposta ai medesimi. [Da eliminare.]
63. Le votazioni si faranno per alzata e seduta, per divisione, e per isquittinio ['scrutinio'] segreto. Quest'ultimo mezzo sarà sempre impiegato per la valutazione del complesso di una legge, e per ciò che concerne al personale.
64. Nessuno può essere ad un tempo Senatore o Deputato.

Dei Ministri.

65. Il Re nomina e revoca i suoi Ministri.
66. I Ministri non hanno voto deliberativo nell'una o nell'altra Camera se non quando ne sono membri.
Essi vi hanno sempre l'ingresso, e debbono essere sentiti sempre che lo richieggano.
[67.] I ministri sono risponsabili. [Sapientissima disposizione.]
Le leggi e gli Atti del Governo non hanno vigore, se non sono muniti della firma di un Ministro.

Dell'Ordine Giudiziario.

68. La giustizia emana dal Re, ed è amministrata in suo nome dai Giudici ch'egli istituisce.
69. I Giudici nominati dal Re, ad eccezione di quelli di mandamento, sono inamovibili dopo tre anni di esercizio.
70. I Magistrati, Tribunali, e Giudici attualmente esistenti sono conservati. Non si potrà derogare all'organizzazione giudiziaria se non in forza di una legge.
71. Niuno può essere distolto dai suoi giudici naturali. Non potranno perciò essere creati Tribunali o Commissioni straordinarie.
72. Le udienze dei Tribunali in materia civile, e dibattimenti in materia criminale saranno pubblici conformemente alle leggi.
73. L'interpretazione delle leggi, in modo per tutti obbligatorio, spetta esclusivamente al potere legislativo.

Disposizioni Generali.

74. *Le istituzioni comunali e provinciali, e la circoscrizione dei comuni e delle provincie sono regolate dalla legge.*

75. *La Leva militare è regolata dalla legge.*

76. È istituita una milizia Comunale sovra basi fissate dalla legge.

77. *Lo Stato conserva la sua bandiera: e la coccarda azzurra è la sola nazionale.*

78. *Gli Ordini Cavallereschi ora esistenti sono mantenuti con le loro dotazioni. Queste non possono essere impiegate in altro uso fuorché in quello prefisso dalla propria istituzione.*

Il Re può creare altri Ordini, e prescriverne gli statuti.

79. *I titoli di nobiltà sono mantenuti a coloro che vi hanno diritto. Il Re può conferirne dei nuovi.*

80. *Niuno può ricevere decorazioni, titoli o pensioni da una potenza straniera senza l'autorizzazione del Re*[59].

81. *Ogni legge contraria al presente Statuto è abrogata.*

Disposizioni transitorie.

82. *Il presente Statuto avrà il pieno suo effetto dal giorno della prima riunione delle due Camere, la quale avrà luogo appena compiute le elezioni. Fino a quel punto sarà provveduto al pubblico servizio d'urgenza con Sovrane disposizioni, secando i modi e le forme sin qui seguite, omesse tuttavia le interinazioni e registrazioni dei Magistrati, che sono fin d'ora abolite.*

83. *Per l'esecuzione del presente Statuto il Re si riserva di fare le leggi sulla Stampa, sulle Elezioni, sulla Milizia comunale, e sul riordina-*

---

59) Nell'Italia repubblicana è avvenuto che Stati esteri abbiano dato premi o insignito decorazioni al merito o elargito riconoscimenti ed emolumenti a cittadini italiani per "meriti" verso quei Paesi. Ciò è avvenuto a coloro che sono stati resi immuni davanti alle leggi italiane grazie all'art. 16 del Trattato di Pace o anche per benefici resi a quei Paesi (non all'Italia), anche dopo, ad altro titolo. Tutto questo senza creare alcun problema per l'etica repubblicana nostrana.

mento del Consiglio di Stato. Sino alla pubblicazione della legge sulla Stampa rimarranno in vigore gli ordini vigenti a quelle relativi.
84. *I Ministri sono incaricati e risponsabili della esecuzione e della piena osservanza delle presenti disposizioni transitorie."*

**Proclama con cui venne adottato
la bandiera tricolore italiana
collo scudo di Casa Savoia (23 marzo 1848)**

"Popoli della Lombardia e della Venezia,
I destini d'Italia si maturano: sorti più felici arridono agli intrepidi difensori di conculcati diritti.
Per amore di stirpe, per intelligenza di tempi, per comunanza di voti noi ci associammo primi a quell'unanime ammirazione che vi tributa l'Italia.
Popoli della Lombardia e della Venezia! Le nostre armi che già si concentravano sulla vostra frontiera quando voi anticipaste la liberazione della gloriosa Milano, vengono ora a porgervi nelle ulteriori prove quell'aiuto che il fratello aspetta dal fratello, dall'amico, l'amico.
Seconderemo i vostri giusti desideri fidando nell'aiuto di quel Dio che è visibilmente con noi, di quel Dio che ha dato all'Italia Pio IX, di quel Dio che con sì meravigliosi impulsi pose l'Italia in grado di fare da sé.
E per viemmeglio dimostrare con segni esteriori il sentimento dell'unione italiana, vogliamo che le nostre truppe, entrando nel territorio della Lombardia e della Venezia, portino lo scudo di Savoia sovrapposto alla bandiera tricolore italiana".

CARLO ALBERTO

Circa la bandiera nazionale, lo Statuto Albertino, all'art. 77, dice: *"Lo Stato conserva la sua bandiera: e la coccarda azzurra è la sola nazionale"*. Ciò che è cambiato fra il 4 marzo e il 23 dello stesso mese sono state le Cinque Giornate di Milano (18-22 marzo 1848). Il 23 marzo, a giochi fatti, Carlo Alberto decide di cambiare la bandiera nazionale in concomitanza con il suo ingresso nel Lombardo-Veneto. Comincia così la tradizione, tutta italiana, di andare in "soccorso" dei vincitori.

Le date hanno la loro importanza. Ancora il 4 marzo lo Statuto mantiene la bandiera tradizionale del Regno di Sardegna. Cambiando la bandiera con il tricolore, Carlo Alberto ha compiuto un passaggio di campo che va ben oltre il guado del fiume Ticino. Il tricolore era la bandiera dei rivoluzionari, una variante del tricolore della Rivoluzione francese, nato a Reggio Emilia (1797), nella Repubblica Traspadana, una delle repubbliche "sorelle" imposte dall'occupazione francese. Questo fu l'emblema delle soldataglie che compirono repressioni e stragi contro le Insorgenze popolari, la più grande e genuina impresa di popolo della storia d'Italia[60]. Dunque, adottando il tricolore, Carlo Alberto ha fatto la sua scelta rivoluzionaria per diventare il *leader* dei democratici e satanisti.

Questo particolare è da ricordare nell'auspicato ripristino, *mutatis mutandis*, della Sovranità monarchica.

Decreto dell'11 aprile dello stesso anno 1848

Volendo che la stessa bandiera che, qual simbolo dell'unione italiana, sventola sulle schiere da noi guidate a liberare il sacro suolo d'Italia, sia inalberata sulle nostre navi da guerra e su quelle della marineria mercantile:

Abbiamo ordinato e ordiniamo:

Le nostre navi da guerra e le navi della nostra marineria mercantile inalbereranno qual bandiera nazionale la bandiera tricolore italiana (verde, bianco e rosso) collo scudo di Savoia al centro. Lo scudo sarà sormontato da una corona per le navi da guerra;

Il presidente del nostro Consiglio dei ministri, incaricato del portafoglio della guerra e marina, è incaricato dell'esecuzione del presente.

CARLO ALBERTO

---

60) Le rivolte popolari contro i francesi e Napoleone erano motivate da una serie di fattori: amor di Patria, cioè la vera libertà contro l'ingannevole *liberté* degli invasori; rigetto contro l'irreligiosità blasfema degli occupanti; contro le soppressioni dei ordini religiosi e la confisca dei beni ecclesiastici; contro l'esosità fiscale; contro la leva militare obbligatoria in appoggio alle milizie francesi, e poi (dal 1804) per la *Grande Armée*; contro le loro leggi inique (matrimonio civile, divorzio, scuola laica, ecc.

5.
APPENDICI

APPENDICE I

Effetti devastanti
del metodo democratico

Pubblico questo scritto, che non è mio, per i dati oggettivi che riporta. Lo ricavo da uno scritto di Roberto De Mattei, apparso su "Corrispondenza Romana" n, 1856, del 17 luglio 2024.

SFACELO DELLA FAMIGLIA ITALIANA

La Repubblica del 10 luglio 2024 pubblica un ampio articolo di Linda Laura Sabbadini, dedicato a *L'Italia delle famiglie in miniatura. Solo una su tre ha più di due membri.* Questo è il titolo.
"E' ormai un lontano ricordo, un Amarcord – si legge – quello di un paese in cui le famiglie avevano un gran numero di componenti, o perché avevano molti figli, come a Sud, o perché più nuclei familiari vivevano insieme nelle zone della Terza Italia, Nordest e Centro, senza il Lazio". Non è più così. Il 63% delle famiglie italiane ha al massimo due componenti. Quelle di sei componenti o più (due genitori e quattro o più figli) sono l'1% del totale. E al primo posto come tipologia familiare si collocano le persone sole, diventate quasi nove milioni, il 36.9% ancora più diffuse delle coppie con figli, senza altre persone, che non arrivano al 30%, ma che all'inizio degli anni '80 erano la

*maggioranza. "Ma non basta. – continua l'articolo – Sono cresciute
di molto le famiglie non tradizionali. Single non vedovi, famiglie mo-
nogenitori non vedove, libere unioni e coppie coniugate ricostituite.
Ormai sono il 40% delle famiglie italiane. Hanno superato ampiamente i dieci milioni".*

«Il 40 per cento delle famiglie italiane dunque sono "non famiglie".
Le libere unioni sono ormai l'11 per cento delle coppie. Ma non sono
più come in passato forme familiari transitorie usate come periodo
di prova dell'unione. Purtroppo tendono a stabilizzarsi, tant'è che le
uniche nascite in continua crescita nell'Italia della permanente bassa
fecondità sono quelle fuori del matrimonio. La giornalista de "La Repubblica" conferma che crescono le unioni civili, mentre i matrimoni
continuano a diminuire e quelli con rito civile sono diventati maggio-
ritari fin dal 2018.

Per chi crede nella famiglia naturale e cristiana, fondata sul matrimonio monogamico indissolubile, con il fine di mettere al mondo ed
educare dei figli, queste cifre dimostrano l'ampiezza della catastrofe.
Ma ci chiediamo a questo punto: il cambiamento epocale che abbiamo
di fronte è dovuto a un processo irreversibile della storia? Sarebbe una
visione molto riduttiva che non tiene conto della libertà dell'uomo e
dell'esistenza di valori permanenti che non sono determinati dal dive-
nire storico, ma lo trascendono e devono costituire la bussola di orientamento dell'agire umano. La famiglia è in crisi perché qualcuno ha
voluto distruggerla. E in Italia l'inizio del processo di distruzione della
famiglia ha una data ben precisa: il 1 dicembre 1970, con l'approvazione della legge n. 898 – *"Disciplina dei casi di scioglimento del
matrimonio"*, che decretava la possibilità della fine del matrimonio,
fino ad allora considerato indissolubile sia dal diritto canonico della
Chiesa che dalla legge civile dello Stato.

Nel 1987 uno dei promotori del referendum anti-divorzista del 1974,
il prof. Gabrio Lombardi, pubblicò sulla rivista "Studi cattolici" un
articolo poi raccolto in volume (Perché il referendum sul divorzio?
1974 e dopo Ares, Milano 1988) in cui ha offerto un utile contributo
per comprendere quali furono le responsabilità dei cattolici di fronte

ad una legge fortemente voluta dai comunisti, dai socialisti e dalla massoneria. Socialista e massone, poi radicale con Pannella, fu il principale promotore della legge, Loris Fortuna.

Una prima responsabilità risale alla così detta "scelta religiosa" dell'Azione Cattolica e di altre organizzazioni ecclesiali per cui il problema del divorzio e dell'indissolubilità del matrimonio civile era considerato al di fuori dell'interesse dei cattolici; la scelta religiosa, che si richiamava al Concilio Vaticano II, culminò nella nascita dei "cattolici del no" all'abrogazione del divorzio. Ci fu poi la responsabilità della Democrazia Cristiana che il prof. Lombardi ricorda con le parole di un onesto senatore di questo partito, Guido Gonella: "quello che dovevamo fare noi fin dal primo momento era sacrificare anche i governi, pur di impedire l'approvazione della legge Fortuna". Non fu fatto e fu, dice Gonella "un errore imperdonabile".

La legge divorzista fu approvata dal Parlamento italiano grazie a una maggioranza di comunisti, socialisti e liberali, ma il governo era quello di centro-sinistra presieduto dal democristiano Emilio Colombo, che non si dimise, né minacciò le dimissioni, ma assunse una posizione di neutralità e la firmò. Il potente Rettore dell'Università Cattolica Giuseppe Lazzati, amico personale di Paolo VI, in una lettera al Papa del Natale 1970, lo supplicava di far desistere i cattolici da un referendum che, scriveva, con linguaggio serpentino, potrebbe "aggravare un male che solo modi suggeriti da superiore sapienza potranno contenere".

Malgrado il muro di gomma della Conferenza Episcopale Italiana, nella primavera del 1971 la raccolta delle firme ebbe un successo insperato: non le 500.000 firme richieste, ma 1 milione,370 mila,134 firme depositate presso la Corte di Cassazione. Il 27 febbraio 1972 venne indetto il referendum, fissandosi la data di convocazione dei comizi elettorali per il giorno 11 giugno 1972, ovvero quattro mesi dopo. Se la consultazione elettorale si fosse tenuta in quella data probabilmente la legge sul divorzio sarebbe stata abrogata.

Il decreto di indizione era firmato dal presidente della Repubblica Giovanni Leone e controfirmato dal presidente del Consiglio Giulio Andreotti. Ma l'indomani, 28 febbraio, i due medesimi politici democristiani, sciolsero anticipatamente le Camere. Questo scioglimento delle Camere, il primo dall'inizio della Repubblica, fu deciso proprio per allontanare il referendum. I due anni che passarono permisero, nel 1974, alla propaganda divorzista di orchestrare e vincere la sua battaglia. Fu dunque, sottolinea Gabrio Lombardi, una responsabilità gravissima di Andreotti e Leone, esattamente gli stessi due personaggi che nel 1978 avrebbero firmato e controfirmato, come presidente del Consiglio e presidente della Repubblica, la legge sull'aborto.

Il professore cattolico-liberale, *Arturo Carlo* Jemolo[61],

scriveva su "La Stampa" del 5 maggio 1974, alla vigilia del referendum: "Non fo pronostici inutili, sull'esito del referendum. Ho una sola certezza, che quell'esito, non muterà nulla nel tessuto della società italiana". Cinquant'anni dopo tutti prendono atto dello sfacelo della famiglia italiana e solo i ciechi non vedono l'origine di questo sfacelo nell'introduzione del divorzio.»

Commento

L'articolo del prof. De Mattei individua la causa oggettiva dello sfacelo della famiglia: il divorzio. Quello però fu solo l'inizio. Oggi dopo mezzo secolo, ci rendiamo conto che la devastazione continua tuttora imperterrita, perché ogni perdita di valori è premessa per altre inarre-

---

61) Il Cattolicesimo liberale è una corrente di pensiero intrinsecamente contraddittoria. Nata in Francia nell'Ottocento, aveva le sue radici nella Rivoluzione francese e solo impropriamente poteva definirsi "Cattolico"-liberale. Voleva unire due elementi del tutto incompatibili e inconciliabili fra loro: la rivoluzione e il Cattolicesimo. Va da sé che anche tutte le derivazioni del Cattolicesimo liberale sono mere ideologie politiche e, in quanto tali, non possono in alcun modo qualificare la religione Cattolica. Nonostante la sua intrinseca contraddittorietà, il Cattolicesimo liberale ha avuto particolare rilevanza nella Chiesa ed è durato nel tempo, in quanto fu l'antefatto e il precursore del Modernismo, della Democrazia Cristiana (abbiamo visto sopra la contraddizione tipica dei democristiani – in particolare i citati Emilio Colombo, Giulio Andreotti, Giovanni Leone – davanti alle leggi sul divorzio, aborto e in genere sui temi etici, rispetto ai quali non si differenziano dagli altri laicisti), dei cristiano-sociali e, per diversi aspetti, persino del Concilio Vaticano II.

stabili perdite di valori. Oggi il degrado morale del Paese – in ambito privato e pubblico – è tale che non ci si sorprende più di nulla. Dopo aver distrutto la famiglia (l'unica possibile per natura, cioè secondo la Creazione) s'invocano **nuovi modelli di famiglia, basate sulle coppie omosessuali**. Questa è una cosa che in tutta la storia dell'umanità non si è mai vista prima. Anche nel regno animale non si è mai vista! Anzi, dovremmo invece tornare al regno animale per trovare modelli e norme di comportamento veramente "umani" (rispetto ai nostri attuali), cui ispirarci. Pensiamo alla fedeltà e stabilità di coppia, al desiderio della prole e la cura, alla solidarietà e assistenza reciproca, ecc. Non si è mai inteso di un **"femminicidio"** fra animali... Il fenomeno *gender*, totalmente impensabile in altre epoche, consiste in questo: di parlare di mascolinità e femminilità andando al di là della differenza sessuale biologica. Ma questo è ancora niente rispetto al fenomeno *transgender*. Anche questo è qualcosa che non si è mai visto prima fra gli umani.

Con il passare degli anni, **Il suicidio assistito** è una pratica estesa e consueta, nonostante la mancanza di una legge, che comunque sarebbe illegittima (ma con il "benestare" della Magistratura); di fatto è un'ottima preparazione all'**eutanasia** (già praticata in Belgio, Olanda, Regno Unito). Anche dalla **fecondazione assistita** alla **maternità surrogata** il passo è breve.

Tutto ciò è stato possibile in una Repubblica democratica, dove l'opinione è legge, perché svincolata da qualsiasi principio etico perché non esistono più valori assoluti fondati sulla natura, sulla scienza e sulla coscienza. Anzi, questi vengono combattuti perché limitano la libertà individuale. Si vede molto bene che tutto ciò manifesta il trionfo di "ideali" satanisti.

Non sarebbe stato possibile in uno Stato retto da una Sovranità di elezione divina, perché il Sovrano non l'avrebbe permesso, altrimenti avrebbe perso la sua elezione divina e quindi anche il trono. Infatti, se il sovrano non è più fedele a Dio, il popolo è sciolto dal vincolo di fedeltà al(l'ex) sovrano.

In una Repubblica democratica invece tutto è possibile, e il degrado è inarrestabile. Già questo dovrebbe bastare per capire se un certo sistema politico è per il bene di una Nazione o se invece ne è il male assoluto. Solo un cieco non riesce a distinguere l'albero dai suoi frutti. Un cieco o uno che si tappa gli occhi per non vedere.

APPENDICE II

1848. Una testimonianza
di san Giovanni Bosco

Don Bosco fu un prezioso testimone oculare di quei tempi tumultuosi. «In quest'anno [1848] *la politica e l'opinione pubblica iniziarono un'azione drammatica di cui era difficile prevedere la conclusione. Carlo Alberto concesse la Costituzione. Molti pensarono che insieme alla Costituzione veniva concessa la libertà di fare il bene e il male secondo il proprio capriccio... In quei giorni una specie di frenesia si diffuse tra i giovani. Si radunavano in vari punti della città* [Torino], *nelle vie e nelle piazze, prendevano d'assalto preti e chiese. Ogni offesa alla religione era considerata "una bella impresa". Io fui assalito più volte in casa e in strada. Un giorno, mentre facevo catechismo, un colpo di archibugio* [= vecchio fucile] *entrò per una finestra, mi stracciò la veste tra il braccio e il torace, e andò a fare un largo squarcio nel muro.*
Un'altra volta, mentre ero in mezzo a una folla di ragazzi, in pieno giorno, un tale che ben conoscevo mi assalì con un lungo coltello. Mi salvai per miracolo, fuggendo in camera mia e sbarrando la porta. Don Borel [sacerdote collaboratore di don Bosco] *sfuggì per miracolo a un colpo di pistola. Sfuggì anche ad alcune coltellate assassine un giorno che fu scambiato per un'altra persona. Era difficile calmare e far cambiare idea a quei giovani scatenati".* (San Giovanni Bosco, *Memorie*, Editrice Elle Di Ci, 1995, pp. 173-174).

«*...La domenica dopo, alle due pomeridiane, ero nel cortile con i ragazzi. Un tale, accanto a me, leggeva il giornale l'*Armonia [giornale di chiara ispirazione cattolica]. *Ed ecco arrivare i preti che mi aiutavano nel lavoro tra i giovani. Li guardai sbalordito: avevano coccarde* *e medaglie sul petto, tricolore in mano. E tra le mani avevano anche un giornale anticlericale, l'*Opinione. *[Un giornale che si chiama l'O-pinione la dice tutta sul modo di sentire dei democratici. Essi hanno il culto dell'opinione (specialmente se sostenuta dalla maggioranza dei consensi), più che quello della verità*[62]*, che non è mai nominata.]*

Uno di essi, che stimavo assai per l'intelligenza e l'impegno tra i giovani, viene accanto a me e mi dice aspro, *indicando colui che teneva in mano l'*Armonia*:* "Vergogna! È tempo di finirla con questi nostalgici!" *Così dicendo gli strappa dalle mani il giornale, lo fa a pezzi, lo getta per terra, ci sputa addosso, lo calpesta*[63]. *Sfogata così la sua rabbia politica, torna verso di me e mi agita sotto il naso l'*Opinione. "Questo sì che è un buon giornale. Questo si deve leggere dai cittadini veri e onesti." *Rimasi sbalordito da quel modo di parlare e di comportarsi. Non volendo aumentare lo scandalo tra i ragazzi, in quel luogo dove si doveva dare solo buon esempio, pregai lui e i suoi colleghi di rimandare quegli argomenti a quando saremmo stati solo noi, in privato.* "Nossignore" *mi rispose* "Non ci deve essere più niente di privato o di segreto. Ogni cosa dev'essere fatta e detta alla luce del sole".

In quel momento il campanello chiamò tutti in chiesa. Uno di quei preti era stato incaricato di dire una buona parola ai giovani. Ma la sua fu una parola cattiva. Egli tenne un discorso squillante di libertà, emancipazione, indipendenza[64].

In sagrestia, aspettavo impaziente di poter parlare io, e di mettere fine a quel disordine. Ma il predicatore, terminato il discorso, diede la benedizione, e subito dopo invitò preti e giovani a seguirlo. Cantando a pieni polmoni inni nazionali e facendo sventolare freneticamente la bandiera, andarono fino al Monte dei Cappuccini. Là fecero tutti una promessa solenne: sarebbero rientrati all'Oratorio solo se fossero

---

62) La verità per sua natura non ha bisogno di essere sostenuta da una maggioranza. **La verità è**, senza se e senza ma.

63) Come spiegare questa reazione scomposta (e da parte di un sacerdote)? Carlo Alberto non aveva promesso più libertà di stampa? Perché questa intolleranza?...

64) Come si vede, nulla di nuovo sotto il sole. Anche oggi i democratici parlano così. Mancava una quarta parola d'ordine, tanto predicata da loro: 'tolleranza'; la quinta, 'verità', sarebbe stato inutile cercarla, perché non appartiene al lessico democratico.

stati invitati e ricevuti "in forma nazionale".

Tutto questo accadde senza che io potessi dire una parola[65]. *Ma non provai nessuna paura. Sapevo qual era il mio dovere. Feci dire a quei preti che proibivo severamente il loro ritorno all'Oratorio. Quanto ai giovani, quelli che volevano rientrare dovevano venire a parlare con me uno alla volta.*

La faccenda si concluse bene. Nessuno di quei preti tentò di ritornare. I giovani chiesero scusa, riconobbero di essere stati ingannati, e promisero obbedienza e disciplina». (Ibidem, pp. 185-186).

Un breve commento

Per fortuna abbiamo, fra le altre, questa preziosa testimonianza di un sacerdote santo. Confesso che è la prima volta che mi imbatto in una testimonianza disincantata come questa, perché reale, di quel che accadde veramente nel 1848 (siamo troppo male informati dai libri di storia della scuola pubblica). Una vera e propria rivoluzione! Non solo e non tanto nelle istituzioni statuali di mezza Europa, ma negli animi della gente, in particolare di quella di Torino, una città che stava per diventare la prima protagonista fra le città d'Italia.

Fin dai tempi della scuola dell'obbligo siamo frastornati da enfatiche e distorte celebrazioni dell'epopea risorgimentale. In realtà, la concessione dello Statuto modificò l'animo degli italiani: portò la divisione, l'intolleranza, lo sbandamento morale. Incredibile il comportamento di quei sacerdoti, e di chissà quanti altri. Ben presto si saranno resi conto – spero – della persecuzione che venne scatenata contro la Religione e la Chiesa (e quindi contro l'Italia stessa) dai "patrioti" massoni, i quali finalmente potevano agire liberamente e mostrare la loro vera faccia. Incominciò allora la lunga passione e l'interminabile Calvario d'Italia, aggravato poi dall'instaurazione rivoluzionaria della Repubblica. Addio pace degli animi, quieto vivere civile e sociale; addio unità d'intenti del popolo, addio culto della verità, della buona

---

65) La libertà di parola e di opinione non è un dichiarato punto di forza dei democratici?

scuola, della moralità dei costumi pubblici e privati, dell'onore e della dignità nazionale.

Ribadisco: *"Riconoscerete l'albero dai suoi frutti"* (Mt 7, 20). Davanti alla prova dei fatti, tutte le chiacchiere di parte appaiono come falsità e inganno.

APPENDICE III

Testo integrale dello Statuto Albertino

Statuto Fondamentale
della
MONARCHIA DI SAVOIA
[4 marzo 1848]

CARLO ALBERTO

PER LA GRAZIA DI DIO
RE DI SARDEGNA; DI CIPRO E DI GERUSALEMME,

Duca di Savoia, di Genova, ec. ec. ec.;
Principe di Piemonte, ec. ec. ec.

Con lealtà di Re e con affetto di Padre Noi veniamo oggi a compiere quanto avevamo annunziato ai Nostri amatissimi sudditi con Nostro proclama dell'8 dell'ultimo scorso febbraio, con cui abbiamo voluto dimostrare, in mezzo agli eventi straordinari che circondavano il paese, come la Nostra confidenza in loro crescesse colla gravità delle circostanze, e come, prendendo unicamente consiglio dagli impulsi del Nostro cuore, fosse ferma Nostra intenzione di confermare le loro sorti alla ragione dei tempi, agli interessi ed alla dignità della Nazione.

Considerando Noi le larghe e forti istituzioni rappresentative contenute nel presente Statuto fondamentale come un mezzo il più sicuro di raddoppiare quei vincoli d'indissolubile affetto che stringono all'itala

Nostra Corona un Popolo, che tante prove Ci ha dato di fede, d'obbedienza e d'amore, abbiamo determinato di sancirlo e promulgarlo, nella fiducia che Iddio benedirà le pure Nostre intenzioni, e che la Nazione libera, forte e felice, si mostrerà sempre più degna dell'antica fama, e saprà meritarsi un glorioso avvenire.

Perciò di Nostra certa scienza, Regia autorità, avuto il parere del Nostro Consiglio, abbiamo ordinato e ordiniamo in forza di Statuto e Legge Fondamentale, perpetua ed irrevocabile della Monarchia, quanto segue:

Art. 1. La Religione Cattolica, Apostolica e Romana è la sola Religione dello Stato. Gli altri culti ora esistenti sono tollerati conformemente alle leggi.

2. Lo Stato è retto da un Governo Monarchico Rappresentativo. Il trono è ereditario secondo la legge salica.

3. Il potere legislativo sarà collettivamente esercitato dal Re e da due Camere. Il Senato, e quella dei Deputati.

4. La persona del Re è sacra ed inviolabile.

5. Al Re solo appartiene il potere esecutivo. Egli è il Capo supremo dello Stato: comanda tutte le forze di terra e di mare: dichiara la guerra; fa i trattati di pace, d'alleanza, di commercio ed altri, dandone notizia alle Camere tosto che l'interesse e la sicurezza dello Stato il permettano, ed unendovi le comunicazioni opportune. I trattati che importassero un onere alle finanze, o variazione di territorio dello Stato, non avranno effetto se non dopo ottenuto l'assenso delle Camere.

6. Il Re nomina tutte le cariche dello Stato e fa i decreti e regolamenti necessari per l'esecuzione delle leggi, senza sospenderne l'osservanza, o dispensarne.

7. Il Re solo sanziona le leggi e le promulga.

8. Il Re può far grazia , e commutare le pene.

9. Il Re convoca ogni anno le due Camere: può prorogarne le sessioni, e disciogliere quella dei Deputati; ma in quest'ultimo caso ne convoca un'altra nel termine di quattro mesi.

10. La proposizione delle leggi spetterà al Re ed a ciascuna delle due Camere. Però ogni legge d'imposizione di tributi, o di approvazione dei bilanci e dei conti dello Stato, sarà presentata prima alla Camera dei Deputati.

11. Il Re è maggiore all'età di diciotto anni compiuti.

12. Durante la minorità del Re, il Principe suo più prossimo parente nell'ordine della successione al Trono, sarà Reggente del Regno, se ha compiuto anni ventuno.

13. Se, per minorità del Principe chiamato alla Reggenza, questa è devoluta ad un parente più lontano, il Reggente che sarà entrato in esercizio, conserverà la Reggenza fino alla maggiorità del Re.

14. In mancanza di parenti maschi, la Reggenza apparterrà alla Regina Madre.

15. Se manca anche la Madre, le Camere convocate fra dieci giorni dai Ministri, nomineranno il Reggente.

16. Le disposizioni precedente relative alla Reggenza sono applicabili al caso in cui il Re maggiore si trovi nella fisica impossibilità di regnare. Però, se l'erede presuntivo del Trono ha compiuto diciotto anni, egli sarà in tal caso di pien diritto il Reggente.

17. La Regina Madre è tutrice del Re finché egli abbia compiuta l'età di sette anni: da questo punto la tutela passa al Reggente.

18. I diritti spettanti alla podestà civile in materia beneficiaria, o concernenti all'esecuzione delle Provvisioni d'ogni natura provenienti dall'estero, saranno esercitati dal Re.

19. La dotazione della Corona è conservata durante il regno attuale quale risulterà dalla media degli ultimi dieci anni.

Il Re continuerà ad avere l'uso dei Reali palazzi, ville e giardini e dipendenze, non che di tutti indistintamente i beni mobili spettanti alla Corona, di cui sarà fatto inventario a diligenza di un Ministro responsabile.

Per l'avvenire la dotazione predetta verrà stabilita per la durata di ogni Regno dalla prima legislatura, dopo l'avvenimento del Re al Trono.

20. Oltre i beni, che il Re attualmente possiede in proprio, formeranno il privato patrimonio ancora quelli che potesse in seguito acquistare a titolo oneroso o gratuito, durante il suo Regno.

Il Re può disporre del suo patrimonio privato sia per atti fra vivi, sia per testamento, senza essere tenuto alle regole delle leggi civili, che limitano la quantità disponibile. Nel rimanente patrimonio del Re è soggetto alle leggi che reggono le altre proprietà.

21. Sarà provveduto per legge ad un assegnamento annuo pel Principe ereditario giunto alla maggiorità, od anche prima in occasione di matrimonio, all'accoppiamento dei Principi della Famiglia e del Sangue Reale nelle condizioni predette; alle doti delle Principesse; ed al dovario delle Regine.

22. Il Re, salendo al Trono, presta in presenza delle Camere riunite il giuramento di osservare lealmente il presente Statuto.

23. Il Reggente, prima di entrare in funzioni, presta il giuramento di essere fedele al Re, e di osservare lealmente lo Statuto e le leggi dello Stato.

Dei diritti e dei doveri dei cittadini

24. Tutti i regnicoli, qualunque sia il loro titolo o grado, sono eguali dinanzi alla legge.

Tutti godono egualmente i diritti civili e politici, e sono ammessibili alle cariche civili e militari, salve le eccezioni determinate dalle Leggi.

25. Essi contribuiscono indistintamente, nella proporzione dei loro averi, ai carichi dello Stato.

26. La libertà individuale è guarentita.

Niuno può essere arrestato, o tradotto in giudizio, se non nei casi previsti dalla legge, e nelle forme ch'essa prescrive.

27. Il domicilio è inviolabile. Niuna visita domiciliare può aver luogo se non in forza della legge, e nelle forme ch'essa prescrive.

28. La Stampa sarà libera, ma una legge ne reprime gli abusi.

Tuttavia le bibbie, i catechismi, i libri liturgici e di preghiere non potranno essere stampati senza il preventivo permesso del Vescovo.

29. Tutte le proprietà, senza alcuna eccezione, sono inviolabili.

Tuttavia, quando l'interesse pubblico legalmente accertato lo esiga, si può essere tenuti a cederle in tutto od in parte, mediante una giusta indennità conformemente alle leggi.

30. Nessun tributo può essere imposto o riscosso se non è stato consentito dalle Camere e sanzionato dal Re.

Ogni impegno dello Stato verso i suoi creditori è inviolabile.

32. È riconosciuto il diritto di adunarsi pacificamente e senz'armi, uniformandosi alle leggi che possono regolare l'esercizio nell'interesse della cosa pubblica.

Questa disposizione non è applicabile alle adunanze in luoghi pubblici, od aperti al pubblico, i quali rimangono intieramente soggetti alle leggi di polizia.

Del Senato.

33. Il Senato è composto di membri nominati a vita dal Re, in numero non limitato, aventi l'età di quaranta anni compiuti, e scelti nelle categorie:

1° Gli Arcivescovi e Vescovi dello Stato;

2° Il Presidente della Camera dei Deputati;

3° I Deputati dopo tre legislature, o sei anni di esercizio;

4° I Ministri di Stato;

5° I Ministri Segretari di Stato;

6° Gli Ambasciatori;

7° Gli Inviati straordinari, dopo tre anni di funzioni;

8° I Primi Presidenti e Presidenti del Magistrato di Cassazione e della Camera dei Conti;

9° I Primi Presidenti dei Magistrati d'appello;

10° L'Avvocato Generale presso il Magistrato di Cassazione, ed il Procuratore Generale dopo cinque anni di funzioni;

11° I Presidenti di Classe dei Magistrati di appello, dopo tre anni di funzioni;

12° I Consiglieri del Magistrato di Cassazione e della Camera dei Conti, dopo cinque anni di funzioni;

13° Gli Avvocati Generali o Fiscali Generali presso i Magistrati di Appello, dopo cinque anni di funzioni;

14° Gli Uffiziali Generali di terra e di mare. Tuttavia i Maggiori Generali e i Contr'Ammiragli dovranno avere da cinque anni quel grado di attività;

15° I Consiglieri di Stato, dopo cinque anni di funzioni;

16° I Membri dei Consigli di Divisione, dopo tre elezioni alla loro presidenza;

17° Gli Intendenti Generali, dopo tre anni di esercizio;

18° I Membri della Regia Accademia delle scienze , dopo sette anni dei nomina;

19° I Membri ordinari del Consiglio superiore di Istruzione Pubblica, dopo tre anni di esercizio;

20° Coloro che con servizi o meriti eminenti avranno illustrata la Patria;

21° Le persone, che da tre anni pagano tre mila lire d'imposizione diretta in ragione de' loro beni, o della loro industria.

34. I Principi della Famiglia Reale fanno di pien diritto parte del Senato. Essi seggono immediatamente dopo il Presidente. Entrano in Senato a ventun anno, ed hanno voto a venticinque.

35. Il Presidente e i Vice Presidenti del Senato sono nominati dal Re.

36. Il Senato è costituito in Alta Corte di Giustizia con decreto del Re per giudicare dei crimini di alto tradimento, e di attentato alla sicurezza dello Stato, e per giudicare i Ministri accusati dalla Camera dei Deputati.

In questi casi il Senato non è corpo politico. Esso non può occuparsi se non degli affari giudiziari, per cui fu convocato, sotto pena di nullità.

37. Fuori del caso di flagrante delitto, niun Senatore può essere arrestato se non in forza di un ordine del Senato. Esso è solo competente per giudicare di reati imputabili ai suoi membri.

38. Gli atti, coi quali si accertano legalmente le nascite, i matrimoni e le morti dei Membri della Famiglia Reale, sono presentati al Senato, che ordina il deposito ne' suoi archivi.

Della Camera dei Deputati.

39. La Camera elettiva è composta di Deputati scelti dai Collegi elettorali conformemente alla legge.

40. Nessun Deputato può essere ammesso alla Camera, se non è suddito del Re, non ha compiuta l'età di trent'anni, non gode i diritti civili e politici, e non riunisce in sé gli altri requisiti voluti dalla legge.

41. I Deputati rappresentano la Nazione in generale, e non le sole provincie in cui furono eletti.

Nessun mandato imperativo può loro darsi dagli elettori.

42. i Deputati sono eletti per cinque anni; il loro mandato cessa di pieno diritto alla spirazione di questo termine.

43. Il Presidente, i Vice Presidenti e i Segretari della Camera dei Deputati sono da essa stessa nominati nel proprio seno al principio d'ogni sessione per tutta la durata.

44. Se un Deputato cessa, per qualunque motivo, dalle sue funzioni, il Collegio che l'aveva eletto sarà tosto convocato per fare una nuova elezione.

45. Nessun Deputato può essere arrestato, fuori del caso di flagrante delitto, nel tempo della sessione, né tradotto in giudizio in materia criminale, senza previo consenso della Camera.

46. Non può eseguirsi alcun mandato di cattura per debiti contro di un deputato durante la sessione della Camera, come neppure nelle tre settimane precedenti e susseguenti alla medesima.

47. La Camera dei Deputati ha il diritto di accusare i Ministri del Re, e di tradurli dinanzi all'Alta Corte di Giustizia.

Disposizioni comuni alle due Camere.

48. Le sessioni del Senato e della Camera dei Deputati cominciano e finiscono nello stesso tempo.

Ogni riunione di una Camera fuori del tempo della sessione dell'altra è illegale, e gli atti ne sono intieramente nulli.

49. I Senatori ed i Deputati prima di essere ammessi all'esercizio delle loro funzioni prestano il giuramento di essere fedeli al Re, di osservare lealmente lo Statuto e le leggi dello Stato, e di esercitare le loro funzioni col solo scopo del bene inseparabile del Re e della Patria.

50. Le funzioni di Senatore e Deputato non danno luogo ad alcuna retribuzione od indennità.

51. I Senatori ed i Deputati non sono sindacabili per ragione delle opinioni da loro emesse e dei voti dati nelle Camere.

52. Le sedute delle Camere sono pubbliche.

Ma quando dieci membri ne facciano per iscritto la domanda, esse possono deliberare in segreto.

53. Le sedute e le deliberazioni delle Camere non sono legali né valide, se la maggioranza assoluta dei loro membri non è presente.

54. Le deliberazioni non possono essere prese se non alla maggioranza de' voti.

55. Ogni proposta di legge debb'essere dapprima esaminata dalle Giunte che saranno da ciascuna Camera nominate per i lavori preparatori. Discussa ed approvata da una Camera, la proposta sarà trasmessa all'altra per la discussione ed approvazione; e poi presentata alla sanzione del Re. Le discussioni si faranno articolo per articolo.

56. Se un progetto di legge è stato rigettato da uno dei tre poteri legislativi, non potrà essere riprodotto nella stessa sessione.

57. Ognuno che sia maggiorenne di età ha diritto di mandare petizioni alle Camere, le quali debbono farle esaminare da una Giunta, e, dopo la relazione della medesima, deliberare se debbano essere prese in considerazione, ed, in caso affermativo, mandarsi al Ministero competente, o depositarsi negli uffizi per gli opportuni riguardi.

58. Niuna petizione può essere presentata personalmente alle Camere. Le Autorità costituite hanno solo il diritto di indirizzare petizioni in nome collettivo.

59. Le Camere non possono ricevere alcuna deputazione, né sentire altri, fuori dei propri membri, dei Ministri, e dei Commissari del Governo.

60. Ognuna delle Camere è sola competente per giudicare della validità dei titoli di ammissione dei propri membri.

61. Così il Senato, come la Camera dei Deputati, determina, per mezzo d'un suo Regolamento interno, il modo secondo il quale abbia da esercitare le proprie attribuzioni.

62. La lingua italiana è lingua ufficiale delle Camere. È però facoltativo di servirsi della francese ai membri, che appartengono ai paesi , in cui questa è in uso, od in risposta ai medesimi.

63. Le votazioni si faranno per alzata e seduta, per divisione, e per isquitinio segreto. Quest'ultimo mezzo sarà sempre impiegato per la valutazione del complesso di una legge, e per ciò che concerne al personale.

64. Nessuno può essere ad un tempo Senatore o Deputato.

Dei Ministri.

65. Il Re nomina e revoca i suoi Ministri.

66. I Ministri non hanno voto deliberativo nell'una o nell'altra Camera se non quando ne sono membri.

Essi vi hanno sempre l'ingresso, e debbono essere sentiti sempre che lo richieggano.

67. I ministri sono risponsabili.

Le leggi e gli Atti del Governo non hanno vigore , se non sono muniti della firma di un Ministro.

Dell'Ordine Giudiziario.

68. La giustizia emana dal Re, ed è amministrata in suo nome dai Giudici ch'egli istituisce.

69. I Giudici nominati dal Re, ad eccezione di quelli di mandamento, sono inamovibili dopo tre anni di esercizio.

70. I Magistrati, Tribunali, e Giudici attualmente esistenti sono conservati. Non si potrà derogare all'organizzazione giudiziaria se non in forza di una legge.

71. Niuno può essere distolto dai suoi giudici naturali. Non potranno perciò essere creati Tribunali o Commissioni straordinarie.

72. Le udienze dei Tribunali in materia civile, e dibattimenti in materia criminale saranno pubblici conformemente alle leggi.

73. L'interpretazione delle leggi, in modo per tutti obbligatorio, spetta esclusivamente al potere legislativo.

Disposizioni Generali.

74. Le istituzioni comunali e provinciali, e la circoscrizione dei comuni e delle provincie sono regolate dalla legge.

75. La Leva militare è regolata dalla legge.

76. È istituita una milizia Comunale sovra basi fissate dalla legge.

77. Lo Stato conserva la sua bandiera: e la coccarda azzurra è la sola nazionale.

78. Gli Ordini Cavallereschi ora esistenti sono mantenuti con le loro dotazioni. Queste non possono essere impiegate in altro uso fuorché in quello prefisso dalla propria istituzione.

Il Re può creare altri Ordini , e prescriverne gli statuti.

79. I titoli di nobiltà sono mantenuti a coloro che vi hanno diritto. Il Re può conferirne dei nuovi.

80. Niuno può ricevere decorazioni, titoli o pensioni da una potenza straniera senza l'autorizzazione del Re.

81. Ogni legge contraria al presente Statuto è abrogata.

Disposizioni transitorie.

82. Il presente Statuto avrà il pieno suo effetto dal giorno della prima riunione delle due Camere, la quale avrà luogo appena compiute le elezioni. Fino a quel punto sarà provveduto al pubblico servizio d'urgenza con Sovrane disposizioni, secando i modi e le forme sin qui seguite, omesse tuttavia le interinazioni e registrazioni dei Magistrati, che sono fin d'ora abolite.

83. Per l'esecuzione del presente Statuto il Re si riserva di fare le leggi sulla Stampa, sulle Elezioni, sulla Milizia comunale, e sul riordinamento del Consiglio di Stato. Sino alla pubblicazione della legge sulla Stampa rimarranno in vigore gli ordini vigenti a quelle relativi.

84. I Ministri sono incaricati e risponsabili della esecuzione e della piena osservanza delle presenti disposizioni transitorie.

Dato a Torino addì quattro del mese di marzo,
l'anno del Signore mille ottocento quarantotto,
e del Regno Nostro il Decimo ottavo.

CARLO ALBERTO

Il Ministro e Primo Segretario i Stato
Per gli affari dell'interno
BORELLI.

Il Primo Segretario di Stato
Per gli affari Ecclesiastici di Grazia e Giustizia
AVET.

Il Primo Segretario di Stato per gli affari di Finanza
DI REVEL.

Il Primo Segretario di Stato dei Lavori pubblici, dell'Agricoltura e
del Commercio
DES AMBROIS.

Il primo Segretario di Stato per gli affari esteri
E. DI SAN MARZANO

Il Primo Segretario di Stato
Per gli affari di Guerra e Marina
BROGLIA.

Il Primo Segretario di Stato per la Pubblica Istruzione
C. ALFIERI.

Proclama con cui venne adottato la bandiera tricolore italiana collo scudo di Casa Savoia

Popoli della Lombardia e della Venezia,
I destini d'Italia si maturano: sorti più felici arridono agli intrepidi difensori di conculcati diritti.
Per amore di stirpe, per intelligenza di tempi, per comunanza di voti noi ci associammo primi a quell'unanime ammirazione che vi tributa l'Italia.
Popoli della Lombardia e della Venezia! Le nostre armi che già si concentravano sulla vostra frontiera quando voi anticipaste la liberazione della gloriosa Milano, vengono ora a porgervi nelle ulteriori prove quell'aiuto che il fratello aspetta dal fratello, dall'amico, l'amico.
Seconderemo i vostri giusti desideri fidando nell'aiuto di quel Dio che è visibilmente con noi, di quel Dio che ha dato all'Italia Pio IX, di quel Dio che con sì meravigliosi impulsi pose l'Italia in grado di fare da sé.
E per viemmeglio dimostrare con segni esteriori il sentimento dell'unione italiana, vogliamo che le nostre truppe, entrando nel territorio della Lombardia e della Venezia, portino lo scudo di Savoia sovrapposto alla bandiera tricolore italiana.

Torino, 23 marzo 1848.

CARLO ALBERTO

Decreto dell'11 aprile dello stesso anno 1848

Volendo che la stessa bandiera che, qual simbolo dell'unione italiana, sventola sulle schiere da noi guidate a liberare il sacro suolo d'Italia, sia inalberata sulle nostre navi da guerra e su quelle della marineria mercantile:
Abbiamo ordinato e ordiniamo:
Le nostre navi da guerra e le navi della nostra marineria mercantile

inalbereranno qual bandiera nazionale la bandiera tricolore italiana (verde, bianco e rosso) collo scudo di Savoia al centro. Lo scudo sarà sormontato da una corona per le navi da guerra;
Il presidente del nostro Consiglio dei ministri, incaricato del portafoglio della guerra e marina, è incaricato dell'esecuzione del presente.

CARLO ALBERTO

FRANZINI.

Il presidente del consiglio dei ministri, incaricato del portafoglio di guerra e marina.

CESARE BALBO.

Invocazione finale

Signore Gesù,
tu che sei il mio unico Maestro e Buon Pastore,
guidami e guidaci in quest'ora difficile.
Resta con noi, mentre stiamo per entrare
in questa tenebrosa valle di morte,
autentica valle di lacrime,
com'è stata sapientemente profetizzata.

Siamo figli indegni e pentiti della tua stessa Madre.
Venga in terra il Regno del Padre tuo e nostro.
Dacci ancora un'opportunità,
per la tua infinita misericordia di Sacro Cuore
e di Redentore. Se sarai con noi, ce la faremo.

Dopo la tempesta, il sole della tua Verità
risorgerà più luminoso che mai.
Buon Pastore e "porta delle pecore",
accoglici nel tuo santo Ovile, ora e sempre.
Amen.